いのちはどう生まれ、育つのか

――医療、福祉、文化と子ども

道信良子 編著

岩波ジュニア新書　799

はじめに

この本は、現代社会に生きる子どもたちのいのちの多様性を描いたものです。

子どもたちが生まれながらにそなえているそれぞれの身体の特性と、それらのいのちを守りはぐくむ行為や、子どもをとりまく環境が影響しあい、いのちはゆたかな多様性をおびます。出産をひかえたお母さんと子どものやりとり、生まれてすぐに治療を受けている赤ちゃんの看護、障がいをもつ子どものリハビリテーション、ダウン症の子どもの子育て、被災地に暮らす親子を支える子ども家庭福祉などは、それぞれにかけがえのないいのちをはぐくむ場です。子どもを感染症から守るための予防接種、子どもが産みの親以外の人と親子関係を結ぶ慣習、いのちのみとりなども、いのちをはぐくむ制度です。ネパール共和国とザンビア共和国のお話は、国や文化のちがいが子育てや健康づくりのあり方も大きく変えることを示しています。

ここに描かれた子どもたちとまわりの人たちの生き方から、中高生のみなさんがいのちの多様さと尊さを学び、医療や福祉にかかわる仕事に関心をもつきっかけにしていただければと思います。

現代の日本社会は、大きな構造変動のなかにあって、安定した生活を送り、将来を正確に見通すことがむずかしい状況にあります。そのなかで、現在の社会に対する不安感や閉塞感《へいそくかん》をもって生活している多くの人たちがいます。同じ思いをもっている子どもたちもいるでしょう。いま、あらためて、広い視野に立ち、子どもたちがどのように生きているのか、その現実を正しく知る必要が生まれていると思います。

学校や地域で子どもを支援する活動をしている人たちは、現在の状況を憂慮《ゆうりょ》し、次のように説明しています。

子どもたちは、未来を描きにくい状況のなかで、夢や目標をもてず、生きることの意味がわからなくなっている。また、放課後や休日もふくめて、一日の時間の多くをおとなによる管理や支配のもとに生き、よい子になろうと懸命《けんめい》に努力している子どももいる。いじめや暴力がふえ、ささいなことがきっかけになってキレる、パニックになる、事件をおこす例もある。子どもは非行をとおして悲鳴をあげているのだ。

このような状況はたしかに、子どもたちの現実の一部であり、解決しなければならない問題です。一方で、おとなの心配をよそに、たくましく生きている子どもたちもたくさんいることをわたしたちは知っています。そして、たくましく生きている子どもたちの生き方も、生まれながらの身体のようすや、おかれている環境のちがいによって、いろいろなかたちがあることでしょう。

この本では、「医療」と「福祉」をテーマに、子どもたちやまわりの人たちの普段のようすをありのままに書いています。さまざまな場面における子どもの日常生活を知ることが、冒頭に述べたいのちの多様性を知ることにつながると考えるからです。ここでは「普通」に対する「特殊」な状況のなかで生まれる問題を掘りおこそうとすることも、いじめや暴力とは無縁で生きている無垢《むく》な子どものようすを描くこともしていません。それぞれのありのままの生き方を描くことにより、いのちが生まれ、はぐくまれていくことに対して、みなさんと理解を共有することを目的としています。

また、当事者の目線に寄りそって病気を理解することの大切さや、手話の世界、島の子どもたちの生活について、実際に、子どもの目線から見たようすについても書いています。病気と向き合うことは、食べる、遊ぶ、寝るといった毎日の生活とつながりあっています。その生活様式のすべてを「文化」といいます。わたしたちはこの本の全体をとおして、医療と福祉と日常の文化とを「区切りのない連続したもの」として表現しているため、本の副題を「医療、福祉、文化と子ども」としました。

本の内容は、二〇一一年十月から二〇一五年三月まで、国立民族学博物館(大阪府吹田市)で行われた共同研究「現代の保健・医療・福祉の現場における『子どものいのち』(代表道信良子) http://www.minpaku.ac.jp/research/activity/project/iurp/11jr146」がもとになっています。この研究会に参加した研究員は、医学・医療および福祉を専門とする人たちと、人間の社会や文化について研究する人たちです。特別講師としてこの研究会に参加した人たちも執筆に参加しています。

現代の日本において、子どもや家庭がかかえる問題が複雑になり、それにともない医療や福祉の側《がわ》からの対応もむずかしさを増しています。そのため、医療や福祉の現場では、複数の分野の専門家があつまり、仕事をするようになっています。専門家はそれぞれの専門に固有の知識や方法をもち、それを問題の解決に役立てるために仕事をしていますが、互いに異なる職種の人たちが一緒に仕事をすると、物事の考え方や感じ方に隔《へだ》たりがあることによる意見の対立も生まれます。

そこで、わたしたちは共同研究を立ち上げ、子どもの医療や福祉の課題についてできるだけ多くの角度から議論し、異なる専門分野に共通する「いのちのとらえ方」を明らかにしたいと考えました。研究が進むにつれて、それぞれのちがいのなかに、ひとつの共通項が見えてきました。それは、子どものいのちを、親、家族、地域社会などの広いつながりのなかで理解しようとする姿でした。

ではこれから、十四人が描いた子どもたちのようすを見ていきましょう。

目次

目次

さまざまな体、さまざまな文化

亀井 伸孝（かめい・のぶたか）
専門は文化人類学、アフリカ地域研究
愛知県立大学外国語学部国際関係学科教授。京都大学大学院博士後期課程修了、博士(理学)。アフリカ諸国で子どもの調査、手話の調査などを行う。おもな著作に、岩波ジュニア新書『手話の世界を訪ねよう』(二〇〇九)など。

子ども——大きな脳と小さな体をもつ人たち

この本には、さまざまな病気や障害をもつ子どもたちが登場します。この章では、「そもそも、子どもって何?」「お互いに違うって何?」ということを考えてみたいと思います。

まず、「子ども」とは何でしょうか。人類学(人間について生物学の側面から、また文化・社会の側面から、総合的に研究する学問)の見方によれば、子どもとは「大きな脳と小さな体をもつ人たち」であると言えます。

人間は、未熟な状態で生まれます。たとえば、馬の子どもは生まれてじきに立ち上がり、母馬の後を付いて歩けるようになりますが、人間にはそれができません。ひとりで活動できない状態で生まれ、長い間、親などの周囲の人たちに支えられて育ちます。

なぜ人間は未熟で生まれるのでしょうか。ひとつの考え方として、人間の脳が大きすぎることと関係しているという説があります。もし母親のおなかの中で成長した後に生まれたら、赤ん坊の大きな頭が産道につかえてしまって外に出られなくなります。ですから、未熟な状態で生まれ、やがて他の人の手を借りながら、頭と体を少しずつ大きくしていくように人間は進化したと考えるわけです。

生まれた後の赤ん坊は、どのように育つでしょうか。実は、全身の中で最も早く成長するのが、脳です。十歳くらいまでにほぼおとなと同じ程度までに脳が育ち、やがて、性的な成熟や体の成長が追いついてきます。この成長の時期がずれるあいだに、「大きな脳をもちながらも、体がまだ小さい時期」があります。これを「子ども」の期間と呼ぶことができます。体の成長が追いついていないため、子どもたちはおとなと同じように働いたり、自分の子どもを産み育てたりすることができません。このため、体力のあるおとなたちが得てきた食物を分けてもらいながら過ごします。

人はだれしも自分ひとりで育つのではなく、みな、かつてだれかに支えられて育ちました。人間はそれを繰り返しながら、約二十万年もの長い間、生物として生き長らえてきました。

「自《みず》ら遊び、学ぶ人」としての子ども

体が十分大きくなっていない子どもたちは、その大きな脳で何をするのでしょうか。基本は、「役に立たないこと」に没頭することができます。つまり、遊びです。子ども期とは、成長したその脳を大いに使って遊んでいることができる期間なのです。

「子どもは遊ぶ存在だ」と言うと、みなさんの中には、あれ、おかしいと感じる人がいるかもしれません。学校でも、家でも、おとなから「遊んでばかりいてはいけない、勉強しなさい」と言われることが多いでしょう。しかし、このように勉強勉強と言われるようになったのは、人間の歴史の中ではごく最近のことです。

私たち人間は、約二十万年前にアフリカで出現してから最近まで、そのほとんどの期間にわたって、文字をもたない、学校のない暮らしを続けてきました。動物の狩猟《しゅりょう》や植物の採集を行い、遊動《ゆうどう》しながら、自然の恵みとともに暮らしてきました(狩猟採集生活)。

私は、アフリカの熱帯雨林の中で自然とともに暮らす人たちの調査をしたことがありま

す。このような社会では、子どもたちはかなり放任されていて、狩猟具を使って遊んだり、やぶの中の枝や草を使っておもちゃの小屋を作ったり、子どもなりの背丈《せたけ》と目線で自然を使いこなしていました。さすがにおとなほど食物を得ることはできませんが、魚が少し釣《つ》れることがあったり、木に登っておやつの果実を採ってきたりくらいのことはできます。

狩猟採集社会の人びとが、知識をもたない生活をしているわけではありません。食べられる動植物の名前や、狩猟、採集の方法など、自然の中で食物や道具の材料を得て暮らしていく上で学ぶべきことはいろいろとあります。それらの知識を「学校に毎日通って、教科書を通じて、先生の授業で学ぶ」という形ではなく、「自然環境の中で、会話と模倣《もほう》(まね)を通じて、自分たちの体で覚える」という形で学んでいるわけです。

今日では、世界中の国ぐにで学校に行くことが当たり前とされる時代になっています。なぜ、これほどにも学校が必要な社会になったのでしょうか。背景には、社会が大規模で複雑になりすぎたこと、また、貨幣経済が浸透し、知識に基づいて働きお金を稼《かせ》ぐことが一般的になったことが挙げられます。多くの情報があふれ、科学技術が暮らしを支えている今日、子どもたちに多くの知識をもってもらい、豊かな暮らしをしてほしいとおとなたちが望んでいるのです。

みなさんは、勉強も宿題もない世界の方がよかったと思うでしょうか。それとも、科学技術と貨幣経済によって支えられた社会に暮らす以上、勉強することは必要だと考えるでしょうか。よいか悪いかはひと言では言えませんが、私たちはすでに、学校がなければ支えきれないほどの複雑な社会をもっています。

ここで覚えておきたいのは、子どもたちは、もともと、いつもおとなに言われるままになる存在ではなく、自《みず》ら遊び、学ぶ人たちであったということです。おとなと同等の脳をもち、ただし体力がおとなほどそなわっていないために、おとなとは別の活動領域をもって生きている人たちです。おとなと子どもを対等に受け止めることは、重要です。

体が異なる子どもたち

さて、ここからは、子どもたちが実は少しずつ異なっているということ(多様性)について考えます。まず、体が異なるということに注目します。

脳が育ち、次に体が育つという流れは、だいたい多くの子どもたちに共通しています。しかし、よく見れば、人によって少しずつその時期がずれたりすることがあります。みなさんの周りでも、背が真っ先に伸びる人もいるし、後からゆっくり伸びていく人もいるし、顔つきや運動能力、得意な勉強なども少しずつ違っているでしょう。それぞれ生まれつきの特徴があり、また、違う家庭や環境で育つのですから、違っていて当たり前なのです。逆に、全員が、同じ日にまったく同じだけ身長を伸ばさなければならないなどと考える方が不自然です。

そのような個人差の中で、脳や体が大きくなるのがかなり遅かったり、体の一部の働きがそなわらなかったり、弱かったりする人もいます。それも、体の個人差のうちのひとつです。それを「障害」「病気」などと呼ぶこともありますが、ここでは、「体の違い」と呼ぶことにしておきます。もちろん、このような違いは、本人のせいではありません。

このように、育ちの姿や時間の長さが違う子どもたちがいた場合は、どうしたらいいでしょうか。みんなで支える時間を少し延ばしたり、支え方を工夫したりすればよいことでしょう。そもそも、だれもが未熟であった時期をもっていて、だれかの手によって支えられながら私たちは生きてきたのです。

たとえば、病弱で生まれて、長い年月を病室で過ごすことになる子どもたちがいます。そういう子どもたちは、生まれながらに不幸なのでしょうか。体が少し違った育ち方をして、周りが支える時間と方法に工夫をしているだけで、みなに支えられて育ってきた多くの子どもたちと基本的に同じことです。

わたしも、小学生のときに長い入院生活をしたことがありました。同室の子どもたちとゲームを貸し借りして遊び方を教わったり、アクセサリーを作って包帯に付けてみたり、当時はやっていたルービック・キューブというパズルの解《と》き方をめぐって病院のお医者さんと競争したり、ある意味では楽しい日々を送っていました。時にはちょっと病院を抜け出して近所の公園に外の空気を吸いに行き、また、病院の廊下で車いす競走をしたこともあります(これは看護師さんにしかられましたが)。もちろん、治療の時に痛い思いをしたり、中には亡くなってしまう友だちもいたりして、楽しいことばかりではありませんでしたが、そのような経験も含めて、病弱な子どもなりに、その体がつむぐことができる暮らしを毎日送っていたなあと懐《なつ》かしく思い出します。

病室で長年過ごす子どもたち。車いすを使う子どもたち。生まれながらの病気をもつ子どもたち。中には、生きられるのがあと何年とほぼ定まっている重い病《やま》いの子どももいます。しかし、どの子どもも、もちあわせた大きな脳と小さな体を使いこなし、苦しいこともあれば、また楽しく遊ぶこともある、それぞれの暮らしの達人です。さまざまな体をもった子どもたちと、ひとりひとり出会っていきたいと思います。

それぞれの体に合った文化がある

次に、大きく育った脳をどのように使うかについて考えます。脳が大きくなると、知的な活動が活発になります。ことばや物事をいち早く覚え、論理的に考え、さまざまなことを予測したり思い付いたりするなど、子どもたちはおとなも顔負けの優《すぐ》れた力を示すことがあります。

しかし、時どきおとなの関わりによって、脳の力を活かせない残念なできごとが起きることがあります。「ことばを身に付けることを奪われる子どもたち」。みなさんはこのような状況を想像できるでしょうか。

私たちの社会には、耳が聞こえない子どもたちがいます。耳が聞こえない人たちは、「手話」という目で見る言語をもっています。聞こえない子どもたちは、耳で聞き取れない音声の言語よりも、目で見てよく分かる手話の方が覚えやすいし、体にも合っていることが多いです。手話を話して暮らしている耳の聞こえない人たち(ろう者)は、日本だけでも何万人といるのです。

ところが、一時期、おとなたちが、聞こえない子どもたちに手話をなるべく教えないという教育を考え出し、学校で手話を使うことを許さない時代がありました。「耳が聞こえない子どもたちも、なるべく音声のことばを覚えた方が、周囲の聞こえる人たちとコミュニケーションができてよいだろう」という考え方に基づくものでしたが、その考えが行きすぎて、手話というろう者たちが自然に生み出したことばを否定する風潮さえ生んでしまったのです。

子どもの時代は、ちょうどことばを覚えるのに適した時期です。その大事な時期に、自分が最も覚えやすく理解しやすい手話を奪われた聞こえない子どもたちは、困惑しますし、腹も立てますし、それに反発する子どもたちもいました。しかし、耳が聞こえるおとなたちの意見の方が強く、学校で手話を使えない時代は何十年も続きました。聞こえない子どもたちが、自分の脳の力を大いに活かしてことばの世界を自由につむぎ出す機会を、耳の聞こえるおとなたちが奪ってしまった残念なできごとでした。

最近では、世界でも日本でも、手話を言語のひとつとして受け止める風潮が強まってきました。手話は言語であるとはっきり位置づけた国連の障害者権利条約を日本も正式に受け入れ、政府もようやく手話を言語であると認めるようになりました。聞こえない子どもたちが身に付けがたい音声言語の訓練ばかりするのではなく、手話を学び、いきいきと議論し、自分の意見を手話で堂々と述べる光景も、学校に戻って来つつあります。

子どもが自分の脳の力を活かして、周囲の人びとのさまざまなことがらを吸収し、自分のものにする。これを「文化の習得」と呼ぶことができますが、これは社会の一員となる上で重要ですし、大切な権利でもあります。忘れてはならないのは、この聞こえない子どもたちのように、「体の違いによって、なじむ文化やことばが違うことがある」ことです。

この他にも、たとえば目が見えない子どもたちは、声で会話することはたやすくできますが、文字を目で読むことは困難です。目が見えない人たちは「点字」という指で触れて理解する文字を発明し、目の見えない子どもたちに教えてきました。また、目の見えない人たちは、サッカーをするときに鈴が入ったボールを使うことがあります。ボールが転がると鈴の音が響くため、耳で聞きながらサッカーを楽しむことができます。これも、その体に合った文化のひとつです。優れている/劣っているということは関係なく、それぞれの体に合った文化があるのです。こうしたさまざまな文化を対等に受け止めて、子どもたち自身が自分の体に適した学びを選んでいけることが重要です。

小さな暮らしの達人たちと対等に出会う

体の違いと、それをとりまく文化の違いについて考えてきました。文化人類学という分野では、このようなさまざまな違いに「序列を付けない」ということを何よりも重視します。「こんな体でかわいそうだ」「私のことばが当たり前で、他のことばは変だ」などと決めつけないということです。どの子どもも、それぞれの体に合った文化を身に付けながら、社会の一員となっていくのです。そのことに、よいも悪いもありません。

子どもとは、「何かの役に立つこと」から解き放たれている時期です。大きな頭と小さな体の使い方を、自分で決めてよい自由な時間があります。ひとりひとりが少しずつ違いながら、自分の背丈に合った暮らしをつむいでいく、それぞれがみな暮らしの達人たちです。体と文化の違いをもった子どもたちの姿にお互い出会うことで、人間の可能性の幅広さについて学んでいきませんか。これが、世界のさまざまな障害をもつ子どもたちから多くのことを教わってきた文化人類学者である私からみなさんへのメッセージです。

手のひらの大きさの赤ちゃんを守る

伊東　祐子（いとう・ゆうこ）
看護師、助産師

国立病院機構　福島病院。東北大学医療技術短期大学部卒業後、福島県立医科大学附属病院にて産科・ＮＩＣＵ勤務を経て二〇一〇年より現職。周産期母子医療センターＮＩＣＵ副看護師長。助産師の経験を活かしながら、赤ちゃんの看護と家族のケアに携わっている。

NICUってなに？

みなさん、水をすくう時のような形に両手を合わせてみてください。この手のひらのなかに体がすっぽり収まってしまう赤ちゃんがいることを、みなさんはご存知ですか？

一般的に赤ちゃんは、お母さんの子宮のなかで十か月かけて育ち、そして生まれます。しかし、その十か月間がなんらかの理由で阻害《そがい》され、十か月に満たない月日で生まれてしまう赤ちゃんがいます。いわゆる早産で生まれてしまう赤ちゃんたちです。体重が千グラムに満たない赤ちゃんは、両手を合わせた手のひらのなかに体が入ってしまうくらいの大きさなのです。

早く、小さく生まれた赤ちゃんは、体のすべての機能が未熟なため、呼吸をする、心臓を動かす、母乳を飲むといった、普通に生まれた赤ちゃんができることのすべてを医療に委《ゆだ》ねなければなりません。その医療を行い、赤ちゃんたちのいのちを全力で支えるところが、NICU（新生児集中治療室）と呼ばれる場所です（写真1）。

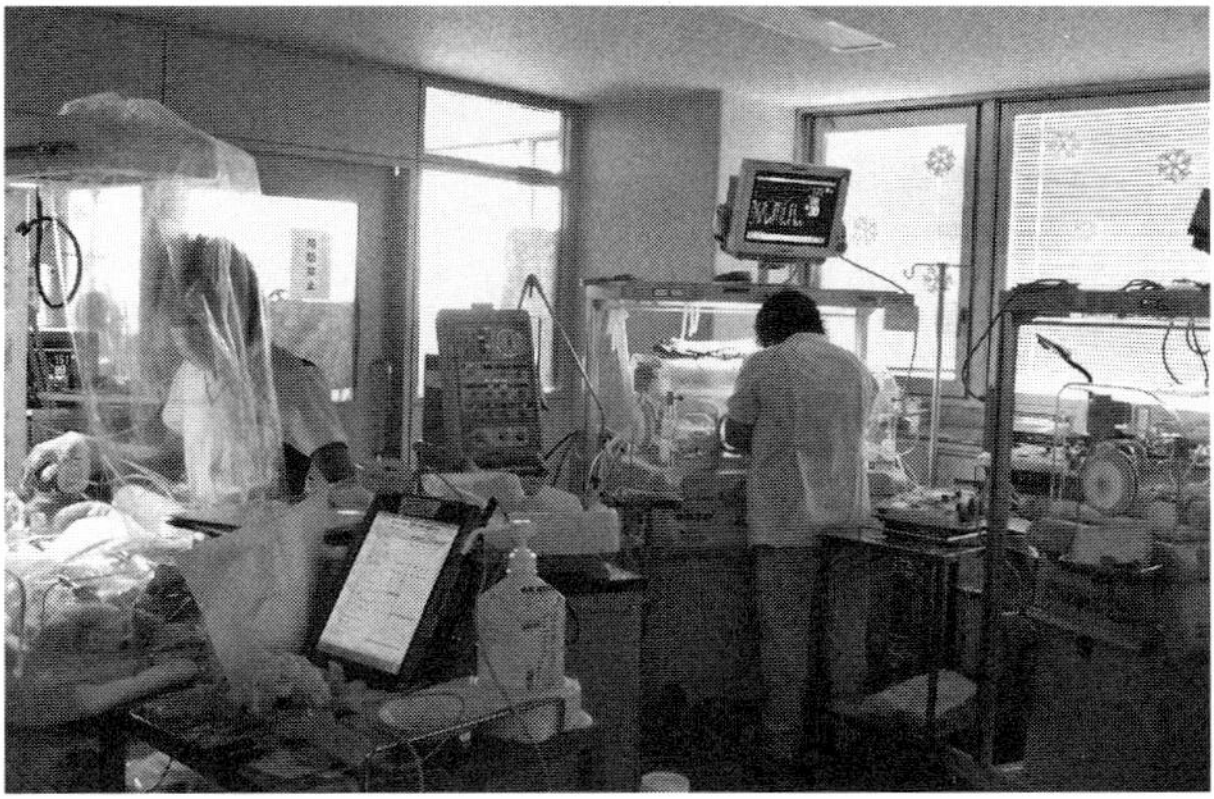

写真1　NICUの様子

赤ちゃんを守るために——NICUの看護師

私は、福島県にある病院のNICUに勤めている看護師です。私たちの病院のNICUには、早産で生まれた赤ちゃんや、生まれつき病気を持っている赤ちゃんが入院しています。特に早産の赤ちゃんは、体の機能のすべてが未熟です。脂肪も少なくとても痩《や》せています。皮膚も大人のようなしっかりしたものではなく、薄くて湿っぽく色も赤黒い状態です。ちょっとした刺激で傷ができやすく、また弱い病原菌にも感染しやすく、さらに体温の調節も自分ではできません。そのため外からの刺激を避け、体温を保つために、保育器に入って治療を受けます。また赤ちゃんの心臓の働きを助け、体液のバランスを整えるために点滴《てんてき》をします。自分で十分に呼吸ができなければチューブを口から肺に入れて人工呼吸器の助けを受け、母乳を飲めない時は、胃に通るチューブから直接母乳をもらいます。このように赤ちゃんの体にはたくさんのチューブが入り、さまざまなモニターのラインが付き、小さな体に隙間《すきま》のないくらい治療に必要なものが付いているのです。

NICUの看護師は、二十四時間赤ちゃんのようすを見守り、赤ちゃんが安静を保ち、快適に過ごせるような環境作りに努めています。NICUのなかはたくさんの医療機器が並んでいますが、照明は昼でも薄暗く音も静かです。また赤ちゃんの体を子宮の内部に似た姿勢に整え(これをポジショニングといいます)、できるだけお母さんのお腹のなかの環境に近づけるようにしています。こういったケアを、ディベロップメンタルケア、あるいは発達ケアと言います。赤ちゃんが本来過ごすべき子宮内に近い環境を提供することは、これ以後の成長・発達に大きな影響を与えます。

言葉を発することのできない赤ちゃんたちのサインを見逃さないよう、常に目を向け、耳を傾けることも大切です。一見穏やかに眠っているように見えていても、その表情やしぐさ、心拍《しんぱく》や呼吸数を通して、「実はちょっと不快なんです」といったサインを送っていることもあります。これをストレスサインといいます。ストレスサインには泣いたり手足をばたつかせたりするような、明らかに不快を示すサインの他に、あくびやしゃっくりも含まれます。早産の小さな赤ちゃんも、痛みを感じ、不快や寂《さび》しいといった感情があります。看護師は、そういったサインから赤ちゃんの感情をより早く汲《く》み取り、ストレスを取り除くことで、赤ちゃんが快適に過ごせるよう看護をしています。

赤ちゃんは自分の意見や希望を言葉にして訴えることができません。しかし赤ちゃんにも生まれた時から一人の人間としての人権があります。私たちはその人権を尊重し、赤ちゃんに接しています。おむつ交換や、採血など痛みを伴うような処置があるときは、必ず赤ちゃんに手を添えながら声をかけ、痛みや不安を少なくできるよう、赤ちゃんの気持ちに寄り添って看護をするように心がけています。

医療者間の連携

病院で赤ちゃんを支えているのは、医師と看護師だけではありません。赤ちゃんの持てる力が十分に発揮され成長・発達につながるよう、理学療法士による効果的なポジショニングやリハビリ、作業療法士や栄養士による哺乳《ほにゅう》や摂食《せっしょく》の支援なども、赤ちゃんの成長に合わせて行っています。また、家族の生活を支援するケースワーカーや地域の保健師も、子育てをする環境を整えるうえで大切な存在です。入院中だけでなく、退院後も病院と地域が連携して、赤ちゃんの成長と家族を見守ります。一人の赤ちゃんをさまざまな職種のスペシャリストが支えることで、入院中の赤ちゃんの成長・発達から退院後の家族との生活まで、常に最適な支援ができるよう医療者間で日々話し合いを持っています。

NICUのなかの家族——両親のようす

早産で生まれた赤ちゃんの小さな体には、人工呼吸器や数多くの点滴、さまざまなモニター類が付いているので、面会に来たご両親の多くは大きなショックを受けます。特にお母さんのなかには、小さな体のわが子をつらい治療にさらしてしまったという罪悪感《ざいあくかん》と自責《じせき》の念にとらわれる人もたくさんいます。赤ちゃんに面会に来ても保育器に近づけず、保育器から一メートル手前で泣き崩《くず》れてしまうお母さんもいました。

このような状態のお母さんに、看護師は無理に赤ちゃんに近づくようには勧めず、お母さんの気持ちに寄り添い、心の整理がつくまで待ちます。言葉はなくても、そばにいるだけで十分なこともあります。お母さんは少しずつ赤ちゃんの状況を受け入れることで心の整理がつき、自然と赤ちゃんに会おうという気持ちになっていきます。前述のお母さんは、赤ちゃんの保育器の前にたどり着くまで、一週間近くかかりました。時間がかかっても、それは赤ちゃんをわが子として受け入れる過程であり、私たちはそれを見守っています。看護では時に患者さんの家族を見守ることも大事な仕事です。

生まれた赤ちゃんを抱っこし、おっぱいをあげることなどができないお母さんは、母親としての自覚を持てず、健康な赤ちゃんを産むことができなかったという喪失感《そうしつかん》とさらなる罪悪感にさいなまれることがあります。そのためお母さんには、家で搾《しぼ》った母乳をできるだけ毎日病院に届けてもらい、赤ちゃんに会ってもらうようにしています。医師や看護師がどんなに努力しても、赤ちゃんの成長に欠かせないお母さんの母乳にはかないません。母乳には赤ちゃんが育っていくために必要な栄養がすべて含まれており、人工乳では再現できないものです。何もしてあげられないと嘆《なげ》くお母さんがいますが、母乳をあげることはお母さんにしかできません。母親としての役割と自信をもってもらい、赤ちゃんの成長に自分も役立っているという意識が、赤ちゃんへの愛着《あいちゃく》形成につながっていきます。

赤ちゃんと家族をつなぐ

お母さんと赤ちゃんは、生まれた時からそばにいるのが本来の姿ですが、治療が必要な赤ちゃんは、生まれてすぐにお母さんをはじめ家族からの分離を余儀《よぎ》なくされます。しかし離れていても赤ちゃんは家族の一員です。治療のために長い間離れてしまう赤ちゃんが、家族からの愛情を受けることは、赤ちゃんが成長していくために一番必要なことです。そのため、赤ちゃんと家族をつなぐことも、看護師の大切な仕事です。

私が勤める病院のＮＩＣＵは、二十四時間面会が可能です。赤ちゃんに会いたい時にいつでも会っていただけるようにするといったためです。二十四時間の面会が可能であっても、家族が終始赤ちゃんのそばに寄り添えるのは事実上難しいことです。面会の頻度《ひんど》や時間も、その家族の事情によりさまざまです。私が勤務するＮＩＣＵに入院する赤ちゃんは、近隣の市町村からだけではなく、県内のＮＩＣＵのベッド事情により、遠方の病院から妊娠中のお母さんが救急搬送《きゅうきゅうはんそう》され、出産することがよくあります。

このような状況のなかでは、お母さんが退院して遠方の自宅に戻ってしまうと、面会の頻度が減ります。赤ちゃんと離れてしまえば、家族は赤ちゃんを遠くに感じ、また、赤ちゃんを心配して不安な毎日を過ごすことになります。

こうしたことから、私たちの病院には、赤ちゃんの家族が宿泊できる施設が作られました。お母さんが産科病棟を退院してもしばらく赤ちゃんのそばにいたい時や、家族で遠方から面会に来て数日宿泊したい時などに利用していただいています。実際に、お母さんが退院の日を迎えても赤ちゃんの容体が安定せず、不安で夜も眠れなかったお母さんが、退

写真2　赤ちゃんの成長が記録されたノート

院後にこの施設に数日宿泊し、赤ちゃんの容体が安定してきたことを見届けて、安心して自宅に帰られたこともありました。

　このほかに、赤ちゃんが入院した時にノートを一冊準備していただくようご家族にお話ししています(写真2)。これは入院中の赤ちゃんの成長を記録するものです。私たちは、家族が面会されていない時に赤ちゃんがどんなようすだったのか、毎日書くようにしています。赤ちゃんの写真を貼ったり、カラフルなイラストを入れたりと、ご両親に赤ちゃんのようすを伝えられるよう努めています。このノートは、私たちからの一方通行ではなく、ご両親にも赤ちゃんへのメッセージを書いていただき、入院中の赤ちゃんの成長を共に見守っていただきます。ご家族の多くもこのノートを見るのを楽しみにしておられ、面会時にノートを見ながら傍《かたわ》らで眠る赤ちゃんを見て微笑《ほほえ》んでおられます。

ＮＩＣＵは多くの医療機器が赤ちゃんを取り囲む、とても特殊な環境です。しかしＮＩＣＵのなかのご両親と赤ちゃんは、ごく普通の家族形態です。特殊な環境だからすべてが特殊というのではなく、看護師は人間として当たり前の家族の生活を見守っています。

未来への課題——妊娠・出産・育児を社会で守る

少子化と言われる現在、社会全体で妊娠から出産、育児をサポートしようとさまざまな取り組みがなされています。特に子育て支援に関しては、社会の声を取り上げて、行政が大きく動いているように思われます。

小さく生まれた赤ちゃんたちにも、支援が進められています。新生児医療が高度化し、以前は救命できなかった赤ちゃんも一命を取りとめられるようになりました。助けられる赤ちゃんが増えたことで、ＮＩＣＵのベッド数が足りないといった状態が続いていましたが、現在では入院ベッド数の増床や、医療費の助成、退院後の支援などさまざまな取り組みが始まっています。

看護師は病院に勤めていると、赤ちゃんの退院がゴールのように感じてしまいますが、赤ちゃんと家族にとっては退院が新しい生活の始まりです。家族は退院の喜びと、育児への不安のなかで赤ちゃんとの生活を始めます。そこには新たに直面する心配事もたくさんあると思います。病院の外来受診だけでなく赤ちゃん訪問を行う地域の看護職との協力や、育児サークルの紹介など、いろいろな専門の人たちと連携して育児の不安を解消していくことも必要です。

小さく生まれた赤ちゃんの支援だけでなく、今後は女性が安心して子どもを産み育てることができる環境作りが必要です。現在は女性の社会進出が目覚ましく、育児と仕事を両立させたいというお母さん方が今後ますます増えていくでしょう。

そして妊婦さんや子育て中のお母さんを支えるために、祖父母をはじめ多くの人たちにも育児支援の輪を広げ、情報を伝えることが大切です。このように、私たち看護に携わる者が、これからも考え続けていかなければならない課題はたくさんあります。子どもを産み育てようという環境を作り、社会全体で取り組みを継続していく一端を担《にな》っていきたいと願っています。

私たちの選択

信田 敏宏（のぶた・としひろ）
専門は社会人類学

一九六八年生まれ。国立民族学博物館教授。主な著書に、マレーシアでのフィールドワークを描いた『ドリアン王国探訪記――マレーシア先住民の生きる世界』（二〇一三、臨川書店）、娘の子育ての記録である『「ホーホー」の詩ができるまで――ダウン症児、こころ育ての10年』（二〇一五、出窓社）、『「ホーホー」の詩、それから――知の育て方』（二〇一八、出窓社）などがある。

誕　生

二〇〇三年十月、予定日より一か月早く、私たち夫婦の一人娘、静香《しずか》が生まれました。小さな我が子を、ぎこちない手つきでこわごわ抱きながら、新しい家族の誕生と親になったという不思議な感覚に、それまで経験したことのない大きな喜びを感じていました。しかし、静香が生まれて数日後、医師からダウン症の可能性があるということを知らされ、喜びに包まれていた私たちは、ショックを受け、目の前が真っ暗になりました。子どもと過ごす普通の幸せな未来が、一瞬で消えてしまったかのような絶望感に襲われたのです。我が子に障害があるということが、自分にとっても子どもにとっても不幸であるかのように感じたのも事実です。

ダウン症の確定診断をするため、静香はすぐに大きな病院で染色体《せんしょくたい》検査を受けました。三週間後に結果が出るまでの間、元気そうでかわいい静香の様子を見ながら、「これは何かの間違いなのではないか」と思ったこともありました。いや、そう思いたかったのかもしれません。その時期は、町で赤ちゃん連れの親子を見かけても、微笑《ほほえ》んであげることもできず、目をそらし、涙をこらえるのに必死でした。

検査の結果は、ダウン症でした。ショックを受けたとはいえ、私たちはダウン症という言葉を知っていただけで、実際には詳しい知識がまったくありませんでした。急いで本を買ってきて読んでみると、ダウン症候群の人は、普通の人より二十一番目の染色体が一本多いため、体に色々な障害が起きやすいとか、筋力が弱く、知的な発達がゆっくりであることなどが書かれていました。

ますます不安が増大し、何か安心材料はないのか、何か良いことは書いてないのかと、わらにもすがる思いで、次から次へとダウン症に関する本やインターネットの記事を読みあさりました。しかし、ダウン症の子どもには、先天性の心臓疾患、斜視《しゃし》や白内障《はくないしょう》などの眼疾患、難聴などの合併症が多いとか、知的な発達の遅れがある、急性白血病やアルツハイマー病を発症するリスクが高いなど、様々な病気や障害が起こる可能性が書かれていて、知れば知るほど絶望感が重くのしかかりました。

静香は生きられるのだろうか？　話すことはできないのだろうか？　どんなふうに成長していくのだろうか？　恐怖にも似た不安な気持ちがわき出てきました。けれど、その反面、心の中には不安を打ち消そうとする気持ちや不安に負けないよう自分を奮い立たせる気持ちもありました。「一つのいのちが生まれてきたのに、もっと喜ばなければ……。障害があるからといって不幸なのだろうか？」「いや、この子は不幸そうな顔はしていないし、悲しそうでもない」「こんなかわいい子を前に、私はいったい何を悲しがっているのだろう？」心の中が混乱していました。

そんな頃のことでした。妻の父が、私にこんなことを言ってくれました。「この子にはハンディがあるかもしれへんけど、どんな素晴らしい人生が待っているか分からへん。悲観したらあかんで。人生は良い方、良い方に考えていかなあかんで」。この言葉を聞いて、はっと目が覚めました。私は何を悲しんでいたのだろう、なぜ絶望していたのだろう。静香は今ここに生きている。これから人生を歩き出そうとしている。父親の私がうつむいてどうするのだ。

私は気持ちの混乱から抜け出し、目の前にある問題の答えを見つけたような気がしました。静香を愛し、一生懸命育てなければいけない。静香の未来をつぶしてはいけない。静香が素晴らしい人生を送れるように頑張らなければならない。それが私たちの使命であり、責任なのだと。

笑顔

静香が生まれて一か月後、専門医の診察を受けました。医師からは、現在は、定期的に検査をすることによって、早期に異常を見つけ、治療を施すことができること、体の発達や知的発達の遅れも「療育」という専門的な方法によって、良い方向に持っていくことができることなどを教えてもらいました。

たとえば血液検査で甲状腺ホルモンの異常を早期に発見して薬を飲んだり、目が悪ければ、早い段階から眼鏡をかけてきちんと物が見えるように矯正《きょうせい》したりするということでした。また、場合によっては、歩くことをサポートするために、足に矯正器具をつけたり、首の骨に異常がないかをレントゲンで確認し、赤ちゃん体操ができるかどうかを判断したりするということでした。この診察をきっかけに、私たちがそれまで抱いていた不安は、次第に取り除かれていきました。

医師のすすめにより、まずは筋力の弱い静香のために赤ちゃん体操を始めました。毎朝、毎晩、静香に笑顔で声をかけながら手足を動かしてあげたり、お腹や背中をさすってあげたり、顔をマッサージしてあげました。

三か月もすると静香は笑ってくれるようになりました。私たちに笑いかけてくれるその笑顔がかわいくて、うれしくて、目が離せませんでした。「私、笑えるようになったんだよ」。静香がそう話しかけてくれているような気がして、言葉では言い表せないくらいの幸せを感じました。

気持ちというのは不思議なもので、悲しみが喜びに、不安が希望に変わっていくことがあるのです。「下を向いていてはいけない。一生懸命、そして精一杯の愛情で静香を育てよう!」。そんな気持ちで毎日を過ごしているうちに、ふと気がつくと、私たちは、静香の笑顔や成長に喜び、明日という日に、そして、静香の未来に希望を持つようになっていました。そして何よりも静香がかけがえのない愛おしい存在となっていたのです。

言葉と心

私たちは静香の子育ての中で特に二つのことに一生懸命取り組みました。一つは「言葉」です。これは、静香といろんなことを話したい、静香の気持ちをいっぱい話してもらいたい、という思いからです。もう一つは「心」です。心を育《はぐく》むことは静香の人生を豊かなものにすると思ったからです。

言葉を話すためには、言葉を聞いて覚えること、物や人に名前があるということを理解すること、声を出すこと、口や舌を動かすこと、話したいという気持ちを持つことなど、多くの要素が必要です。そこで、静香にいっぱい話しかけたり、物や人や絵本を指さして名前を教えたり、口をマッサージしたり、静香の出す声に笑顔で応《こた》えてあげたりしました。

心を育むというのは、楽しいことを楽しいと感じ、美しいものを見ればきれいだなと思う心を持つことです。困っている人、悲しんでいる人を見れば優しい思いやりを持ち、難しいことに向き合った時はチャレンジする意欲をもってほしいと思いました。

そのような気持ちを育むために、自然や動物と触れ合ったり、絵画を見たり、音楽を聞いたり、絵本を読んだりする機会を多くしました。その際には、「きれいだね、寒いね、楽しいね」など、静香に声にかけながら、静香と共に感じ、静香の気持ちに寄り添うように努めました。また、言葉と心を育てるためには、私たちの愛情ばかりでなく、祖父母や親族など、静香のそばにいる人たちの愛情も必要だと思い、静香を囲んでみんなで過ごす機会も増やしていきました。

静香が一歳二か月の時です。犬に吠《ほ》えられた静香が突然、「わんわん」と言いました。初めての言葉でした。私たちは驚きと喜びで胸がいっぱいになりました。絵本やテレビ、家の近所で犬を見ると、いつも「わんわんだね」と話しかけていましたので、静香はちゃんと理解していたのです。そして静香も私たちに「わんわん」と教えてくれたのです。こんなに子どもの成長が素晴らしいと思ったことはありませんでした。静香は私たちの話を全部聞いていたのです。そして、犬がこわいと感じて私たちに教えてくれたのです。この一言に静香の心と言葉が成長していることを確信しました。

静香が私たちに笑ってくれる、そして言葉を発してくれることで、私たちの子育てはますます楽しく、やりがいのあるものになっていきました。時間のあるかぎり静香と外に出かけ、季節を感じながら、色々な経験をし、感動や喜び、面白さやこわさなどを共に感じるように心がけました。

静香の言葉の発達は、ゆっくりではありましたが、私たちと会話ができるような段階にまで進んでいきました。

小学校生活

小学校は地域の公立小学校の支援学級に通うことにしました。静香の小学校は支援学級と普通学級の交流が多く、静香も音楽や図工、生活の授業や、運動会や社会見学、遠足といった行事などは普通学級の子どもたちと一緒に学習します。

支援学級を知ってもらう取り組みや交流授業のおかげで、静香にはたくさんの友達ができました。クラスの友達は静香が分からないことを丁寧《ていねい》に教えてくれますし、遠足では手をつないで一緒に歩いてくれたり、持久走大会では一緒に走ってくれたり、応援してくれたりと、色々な場面で静香をサポートしてくれます。また、遠足などで静香と同じ班になってくれる人を募《つの》ると、うれしいことにたくさんの友達が手を挙げて「しーちゃんと同じ班になりたい」と言ってくれるそうです。

校長先生は、「静香ちゃんが普通学級で学ぶことは、静香ちゃんと普通学級の子どもたち両方にとって意味のあることでなければならないし、お互い得るものがなければならない」と話してくれました。

子どもたちは静香と関わることで思いやりの気持ちや優しい気持ちを持つこと、互いに助け合うことの大切さを学んでいます。静香も普通学級の子どもたちと一緒にできることは頑張ってチャレンジしています。みんなと山登りをしたり持久走をしたり、遠足で長距離を歩いたりすることは、小柄で筋力が弱い静香にとっては大変なことです。それでも、いつも友達が荷物を持ってくれたり、手を引いてくれたり、ゆっくり歩いてくれたりして、一緒にゴールすることができます。そんな時は静香だけでなく、支えてくれた子どもたちもとてもうれしそうな笑顔を見せてくれるのです。

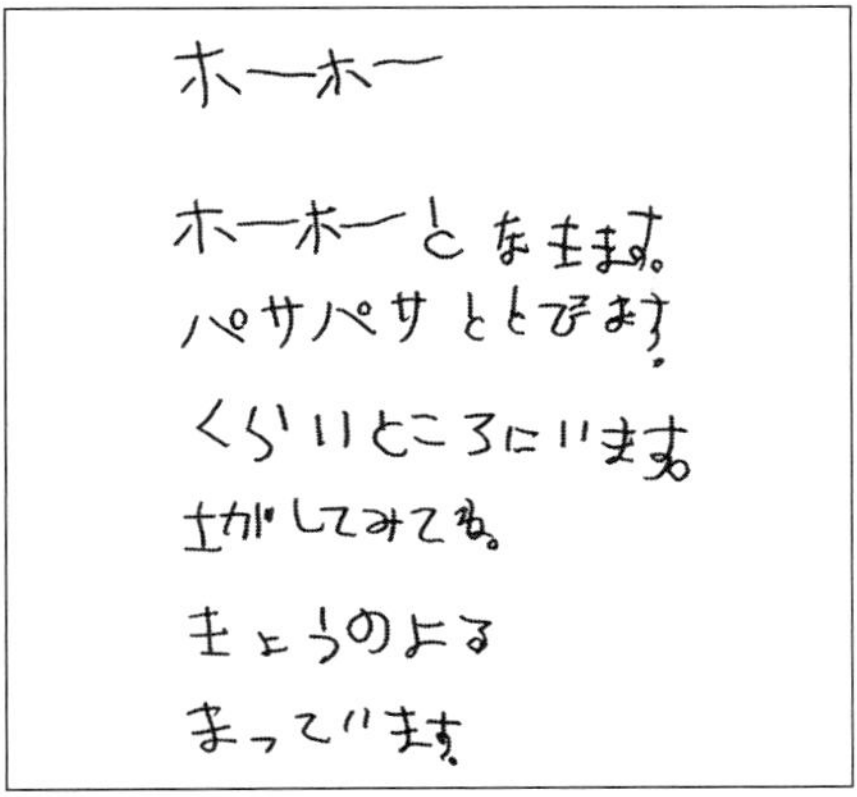
ホーホー

ホーホーとなきます。
パサパサととびます。
くらいところにいます。
さがしてみてね。
きょうのよる
まっています。

第19回「NHKハート展」に入選した静香の作品

ホーホー

小学校四年生の時、静香は学校で初めて詩を勉強して、自分で詩を作りました。「ホーホー」という題名の詩です。

ホーホーとなきます。
パサパサととびます。
くらいところにいます。
さがしてみてね。
きょうのよる
まっています。

この詩を読んで一番驚いたのは、静香が大

好きなフクロウのことを想像して、フクロウの気持ちになって言葉を考え、それを文字で表現したことです。静香の心と言葉が素直に、子どもらしく、そして清らかに成長していたことを、この詩から感じ取ることができました。

妻は喜びのあまり、この記念すべき初めての詩を「ＮＨＫハート展」に応募しました。するとなんと、この詩は入選し、その後、私たち家族はＮＨＫの福祉番組で紹介されることになりました。

私たちのたからもの

静香には、人を幸せにする力があると思います。静香と触れ合い、関わることで、あたたかい気持ちになったり、優しい気持ちになったり、思いやりの気持ちを持つことができるからです。このような経験は、私たち夫婦だけのことではないと思います。周囲の大人たちや学校の子どもたちも、きっと似たようなことを感じているのではないかと思います。

静香のテレビ番組を見た方々からも、「あたたかい気持ちになれた」「癒された」「優しい気持ちになった」といった感想が寄せられました。

私たちは静香を育てていくなかで、周囲の人たちの優しさや思いやりに接し、助けられ、励《はげ》まされてきました。静香と一緒にいると、今まで知らなかった人間のあたたかさに気づかされます。そして、静香と共に生きるこの世界が、今まで以上にきらきらと輝いて見えるようになりました。

最近、新型出生前診断によって、生まれてくる前にダウン症かどうかが分かるようになりました。生まれてくる子がダウン症などの染色体異常と診断された場合、ほとんどの人が中絶しているそうです。そんなニュースを聞くと悲しい気持ちになります。

もし、授かったいのちにダウン症という障害がともなっていたとしても、そのいのちを懸命《けんめい》に守り、育て、共に生きていくという選択肢もあるのではないでしょうか。小さないのちを大切に育てれば、そのいのちはやがて必ずたからものとなり、そして、その子は多くの幸せを私たちに与えてくれるのです。

静香の言葉

「お母さんのことが大好きだから生まれてきたんだよ」

これは静香が九歳の時に妻に話した言葉です。私たちはこの言葉に涙しました。その通り、静香は生まれてきてくれたのです。一つのいのちが私たち夫婦に与えられたのだと思いました。

確かに、静香を育てることには不安もあり、根気《こんき》もいりましたが、その成長は喜びと感動の連続でした。小さなつぼみがゆっくりと一つずつ花咲くように、生まれもった能力が一つずつ花開いていく様子に、静香の「生きる力」を感じました。

静香にはまだまだできないことがいっぱいあります。でも不思議なことに今はそれを悲しいとは思いません。残念とも思いません。「人はそれぞれ違っていて当たり前」なのですから。

病気と向き合う

白川 千尋（しらかわ・ちひろ）
専門は文化人類学

大阪大学大学院人間科学研究科教授。国立民族学博物館准教授などを経て二〇一六年四月より現職。博士（文学）。ヴァヌアツやラオスなどを対象に文化人類学の研究に取り組む一方、青年海外協力隊員、ＪＩＣＡ専門家、ＷＨＯ専門家として、ヴァヌアツ、ミャンマー、サモア、フィジーでマラリア対策やフィラリア対策にもかかわってきた。

インフルエンザは怖い？

インフルエンザという病気があります。冬から春先にかけて流行し、高い熱や頭痛、関節痛などの症状が出る病気です。おそらくほとんどの人が知っているのではないでしょうか。実際にかかったことのある人や、かからないように予防接種を受けたことのある人も多いかもしれません。

ところで、このインフルエンザ、怖い病気だと思いますか。

怖いと思う人もいるでしょう。実際、厚生労働省によると、日本では二〇〇〇年以降、インフルエンザを直接の原因とする死亡者が毎年二百人から千八百人は出ているとされます。また、インフルエンザの流行を直接もしくは間接の原因として死亡した人の数を推計すると、年間一万人に上るとも言われています(厚生労働省ホームページ「新型インフルエンザに関するQ&A」http://www.mhlw.go.jp/bunya/kenkou/kekkaku-kansenshou04/02.html、二〇一五年一月二十日アクセス)。

インフルエンザはたびたび世界的な大流行を起こしてきた病気としても知られています。「スペイン風邪」と呼ばれた一九一八年から一九年にかけての流行では、日本で四十万人近く、世界全体では四千万人から一億人もの死亡者が出たとされます(山本太郎、『感染症と文明——共生への道』、岩波新書、二〇一一年)。その後、一九六八年にも「香港風邪」と呼ばれる流行が起きました。また、将来新型のインフルエンザが現れた場合には、人の側《がわ》に免疫がないことなどから、「スペイン風邪」や「香港風邪」のときのような大流行が起きるのではないかとも言われています。

一方、インフルエンザをそれほど怖いと思っていない人もいると思います。たしかにインフルエンザは、かかったとしても百パーセント死に至る病気ではありません。予防接種も治療薬もあるので、予防や治療のできない難病というわけでもありません。

もとより、インフルエンザと普通の風邪をはっきり区別していない人もいるのではないでしょうか。「高い熱が出たりしてしんどいけど、寝ていればそのうちに治る」と思っている人もいるかもしれません。私自身、インフルエンザが流行《はや》っているのに、きちんとうがいをしなかったり、予防接種を受けなかったりしたこともありました。

マラリアの捉《とら》えられ方

このように、インフルエンザのことを怖いと思う人もいれば、それほど怖いと思っていない人もいるでしょう。そのことからは、病気の捉《とら》え方が個々の人によって違うことがわかります。しかし、病気の捉え方は個人によって異なるばかりでなく、社会によっても違う場合があります。

たとえば蚊《か》が媒介《ばいかい》するマラリアという熱病があります。私は南太平洋のヴァヌアツや東南アジアのミャンマーといった国々で、青年海外協力隊の隊員や国際協力機構(JICA)の専門家として、その対策活動に携わってきました。

世界保健機関(WHO)の情報によると、マラリアは二〇一三年には熱帯地域を中心に世界で年間五十八万人以上もの人々のいのちを奪っており、その大半は五歳以下の子どもたちであるとされます(WHOホームページ http://www.who.int/malaria/media/en/、二〇一五年一月二十日アクセス)。このように、子どもを中心におびただしい数の人々を死に追いやっていることから、マラリアは国際社会のなかできわめて重大な病気の一つと位置づけられてきました。国連が二〇〇〇年に採択したミレニアム開発目標(国際社会が二十一世紀に協力して達成すべき目標を定めたもの)のなかでも、HIV/エイズなどとならんでこの病気をなくしてゆくことが、大きな目標の一つに挙げられています。

マラリアには予防接種はありません。ただし、治療薬はあるので、かかったとしても治すことができます。だから、インフルエンザと同じように、治すことのできない難病というわけではありません。しかし、私にはインフルエンザよりもマラリアの方が怖い病気のようにみえます。

実際、マラリアは多くの社会で怖ろしい病気と捉えられてきました。マラリアはもともと古いイタリア語で、「悪い」を指す「マル」と「空気」を指す「アリア」を組み合わせた語です。イタリアには今はもうありませんが、かつてはマラリアの感染が起きていました。そして、人々はそれを無視できないものとみなし、「悪い空気」にあたるとかかってしまうと考えたわけです。

同じようにこの病気を重大なものと捉え、それにかからないように工夫しながら生活していた人々の例は、世界各地から報告されています。ネパールのある地域の人々は、川に近い標高の低いところに村をつくると、水田をつくるのには便利な反面、病気が流行るので、高いところに村をつくるようにしていたそうです(小林茂、「ネパールにおけるマラリアに対する文化的・生物学的適応」、『比較社会文化』第二巻、一九九六年)。村と水田の間には標高差があるので、上り下りするのが大変です。しかし、標高の高いところには川で繁殖《はんしょく》するマラリアの媒介蚊がいないので、マラリアにかかる心配もありません。この病気が蚊によって媒介されることを人々が知っていたかどうかはわかりませんが、川の近くの低いところに村をつくると病気にかかりやすくなることは、経験として知っていたのです。

一方、これとは対照的な例もみられます。マラリアの感染が頻繁《ひんぱん》に起きていたアメリカのミシシッピ川周辺や西アフリカのリベリアなどの人々の間では、マラリアは怖い病気どころか、そもそも病気としてさえ捉えられていなかったそうです(G.M.フォスター&B.G.アンダーソン、『医療人類学』、中川米造監訳、リブロポート、一九八七年)。これらの地域では誰もがかかるありふれたものだったので、病気というよりもちょっとした不調のようなものとして位置づけられていたようです。

マラリアの感染は、私がマラリア対策や研究などでたびたび訪れてきた南太平洋の島国ヴァヌアツでも、頻繁に起きてきました。ところが、それにもかかわらず、現地の人々の使っている言語のなかには、マラリアに相当する語彙《ごい》がないという興味深い例がみられます。マラリアの症状である発熱や頭痛、悪寒《おかん》などを指す語彙はあるのですが、病名を表す語彙がないのです。どうしてなのか定かではありませんが、先に紹介したアメリカや西アフリカなどの例のように、多くの人がかかるので病気と捉えられず、そのために病名もできなかったのかもしれません。

「疾病《しっぺい》」と「病《やま》い」

このように、病気の捉え方は個人によってだけでなく、社会によっても違う場合があります。これに対して、医学では、むしろそうした差異を超えた共通のことがらに注目します。マラリアに関して言うと、それにかかったすべての人に共通して認められること、たとえば病原体であるマラリア原虫や、マラリア原虫がハマダラカという蚊によって人から人へと媒介されてゆく感染メカニズムなどに注目するわけです。そして、それらの知識に基づいて、各種の予防法や治療薬の開発などが行われてきました。その結果、多くの人々がマラリアを防いだり、治したりすることができるようになりました。これは医学がもたらした大きな成果と言えるでしょう。

ただし、医学の病気の捉え方は、病気にかかっている当事者の捉え方と重なっている場合もある反面、異なっていることもあります。先に紹介した、マラリアを病気とみなさず、ちょっとした不調などと位置づけていた社会の例が、まさにそれにあたります。また、別にマラリアでなくとも、「検査では異常がみつからなかったのに、どうも体調が悪い」とか、逆に「検査で異常がみつかったけど、自覚症状もなくピンピンしている」といった例は、それほど珍しいことではないでしょう。いずれも個人の病気の捉え方と病院での検査などに基づく捉え方が異なる場合です。

私が専門としている文化人類学では、以上のような個人や社会による病気の捉え方の違い、あるいは個人や社会の捉え方と医学の捉え方の違いに注目します。そして、医学的に捉えた場合の病気を「疾病《しっぺい》」、個人や社会からみた場合の病気を「病《や》まい」と呼び、区別しています。そうすることで、医学的な捉え方とは異なる、個人や社会による病気の多様な捉え方を、たんに間違っているものや劣っているものなどとして評価するのではなく、それ自体として尊重しようとするとともに、当事者である個人や社会の側からみた病気のあり方や位置づけなどを深く理解しようとするのです。

病気と向き合うために

子どものいのち(ひいてはすべての人のいのち)を守るために、病気や障がいなどの問題と向き合うときに必要なことは何でしょうか。さまざまなことがあるでしょう。しかし、とりわけ欠かせないものの一つに、次のようなことがあると思います。それは、いのちの担《にな》い手である一人ひとりの子どもの見方や考え方を尊重し、そのニーズ(求めていること)などを当事者の子どもの目線に寄り添って理解しようとすることです。

当事者の子どもになりきれない以上、ほかの人がその子どものことを百パーセント理解することなどおそらくできないでしょう。けれども、子どものいのちを守ろうとして行われていることが、当の子どもからみた場合、守ろうとする側の価値観や考え方などの押しつけになってしまっていないともかぎりません。子どもの側にとって「小さな親切、大きなお世話」になってしまっているような事態です。言葉で意思などを確認することの難しい赤ちゃんや小さな子ども、言語コミュニケーションの面で障がいを抱えた子どもの場合、そうした事態が起きる可能性はより大きくなるかもしれません。そうしたなかで、子どものニーズなどを子ども目線で理解しようと努めることは、「小さな親切、大きなお世話」になってしまうことを防いだり、万一そんな事態が起きたとしても早い段階で気付き、軌道修正したりするために不可欠なことです。

子どものいのちを守ろうとして病気と向き合うときにも、同じことがあてはまります。先に文化人類学では、病気を「疾病」と「病い」に分けて位置づけていることに触れました。それとの関連で言えば、子どもの病気を「疾病」の面からだけでなく、「病い」の面からも理解しようとすることが必要だと言えます。つまり、当事者である個々の子どもからみた病気のあり方にも十分注意を払う必要があるということです。これは子どもの目線に寄り添って病気と向き合うことと同じです。そうすることで、子どものニーズなどを適切に理解するための道が自《おの》ずと拓《ひら》けてくるはずです。

いのちと世界観

幅崎　麻紀子（はばざき・まきこ）
専門は文化人類学、南アジア研究

情報・システム研究機構特任准教授。山形大学助教、筑波大学准教授などを経て二〇一五年より現職。初めてネパールを訪問したのは二十五年前。道の真ん中で寝ている牛、民族衣装の女性たちを見ては、異文化の日常風景にワクワクしていました。現在は、出産・子育て・家族をテーマに研究しています。

子どものいのちはどのくらい儚《はかな》いものなのでしょうか。人口保健調査によると、ネパールでは、半世紀前の一九六五年には一歳以下の乳児死亡率(出生千人当たり)は二百四十四でした。二〇一一年には四十六に低減しましたが、それでも、一歳までにおよそ二十人に一人弱の子どもが亡くなっているのです。人々はその儚い命を守るため、子どもが何かメッセージを発しているのではないかと、子どもの状況の変化をつぶさに見つめます。

みなさんは赤ちゃんが泣いていると、どのように感じますか。例えば、日本では電車や飛行機の中で、赤ちゃんが泣いていた場合、周囲の人たちは「運が悪かった」「何とかしてよ」と感じているそうで、逆に子どもを連れているお母さんたちに聞いてみると、周りの人に迷惑をかけてしまっていると思い、パニックになってしまうことも少なくないようです。

どこの国でもどのような場所でも赤ちゃんは泣きます。赤ちゃんは言葉を話すことができません。泣いたり笑ったり、手や足をばたつかせたり、全身を使って、何かを伝えようとします。そして、私たちはその行為を見て、赤ちゃんが何を伝えようとしているのかを解釈します。表現の仕方は赤ちゃんによって異なるし、解釈の仕方も人によって文化によって異なります。

私は、二〇〇六年から、様々な大学の先生方と共同で、アジアの国々(ネパール、ラオス、ベトナム、モンゴル、中国、韓国、インドネシア)の出産の変容をテーマに、比較研究を行っています。私たちの研究チームが行った研究から、赤ちゃんが泣いた時の感じ方には国によって差異があることがわかりました。例えば、「赤ちゃんが泣いた時、どのように感じますか」との質問に、日本では約半数のお母さんたちが「かわいい、いとしい」と感じていると答えました。韓国では多くの人が「心配だ」と答えています。ネパールの場合、日本人の感覚と近く、「かわいい、いとしい」と感じている人が七割くらいいます。

もちろん、「泣く」といっても、激しく泣いたり、弱々しく泣いたり、その泣き方によって感じ方も異なるでしょう。しかし、「泣く」という行為を思い浮かべて答えてもらうと、その受け取り方が国や文化によって異なるのです。

私が調査をしているネパールでは、お母さんたちは、赤ちゃんと自然に意思疎通《いしそつう》ができるようになると感じています。その感覚は「(身体の)中から湧《わ》き出してくる感じ」だそうです。意思疎通ができない時には「怖い」と言います。例えば、癇癪《かんしゃく》をおこして泣き叫ぶような時、ひきつけを起こしたり怯《おび》えたり、母乳を吐き出したり、弱ってしまった時には、赤ちゃんが身体から発するメッセージを必死に読み取って、その原因を探ろうとします。その読み取り方は、日本文化とはやや異なります。

全身を使って泣き叫ぶ時には、「この子にはルンチェ(泣き虫)がくっついてしまった」あるいは「ルンチェになる」と考えます。子ども自体に問題があるのではなく、「泣き虫」がくっついてしまっているのだから、「泣き虫」をどこかへ行ってしまうようにすると泣き止むのだそうです。どんな時にルンチェになるかというと、妊娠中の女性や妊娠中の動物のお腹を触るとルンチェになると言われています。その状況から回復するために、神聖な牛の尿を入れた水で子どもを沐浴《もくよく》します。

「牛の尿で沐浴?」と驚かれるかもしれません。ヒンズー教徒の人々にとって、牛は神聖な動物、すなわち神様と考えられています。儀礼を行う時には、必ず「お浄《きよ》め」をするために牛の尿を用意します。神聖な牛の尿で浄めることで、ルンチェから回復することができるのです。

一方、怯えたり、弱ったりした場合には、「サトが離れてしまった」と表現します。サトというのは、目に見えないとても小さな霊的な存在です。サトは子どもといつも一緒にいなくてはいけない存在ですが、驚いたりびっくりした瞬間に離れてしまいます。サトがいなくなると嘔吐《おうと》したり熱が出るので、サトを呼び戻さなくてはなりません。フクネ(息を吹きかけて呪文を唱える人)の所へ行って、呪文を唱えてもらうと、サトが戻り、子どもは弱った状態から回復するのだそうです。

子どもがいつもとは違う状態、すなわち病《やま》いにかかると、人々はその原因を探ろうとします。病いを引き起こす原因には、サトやルンチェという、目には見えない超自然的な存在があるのです。

子どものケアの方法も日本とは異なります(写真)。ネパールの子どもは、みんな目の周りと額《ひたい》に黒い墨《すみ》をつけ、手首と足首、お腹の周りには黒色の紐《ひも》を結んでいます。肌は日に焼けていて、オイルでいつもベタベタになっています。肌の乾燥を避けるため、市販のベビーオイルよりも保湿性の高いカラシナの種子を搾《しぼ》って作られた食用の油を、毎朝晩、子

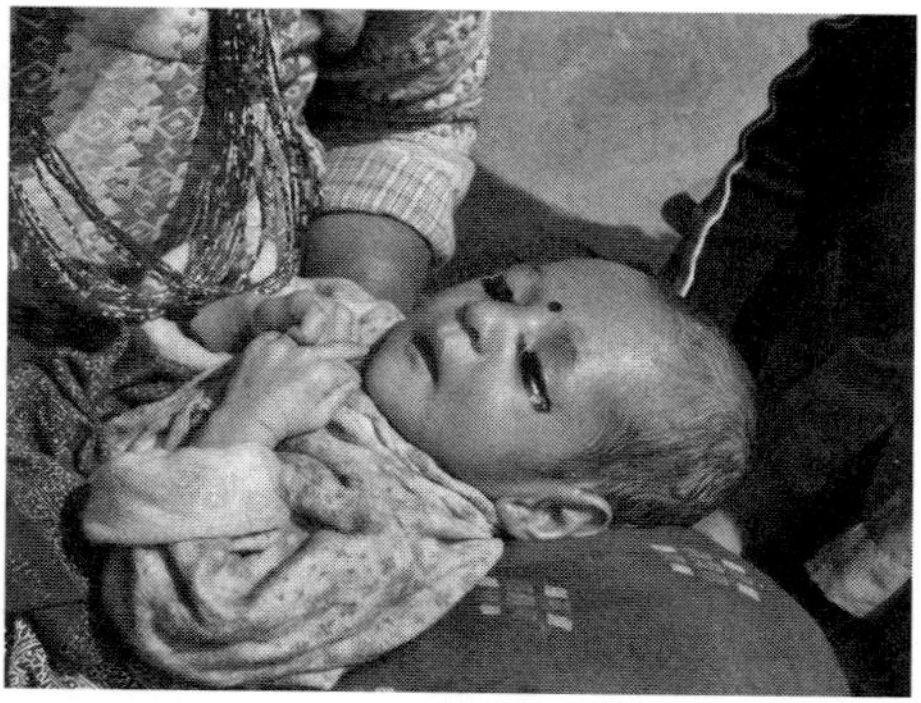

オイルマッサージの後で気持ちよく眠っている子ども

どもの全身に塗ります。そのオイルは黄金色で、生臭《なまぐさ》みのあるつんと鼻につく独特の臭いがします。

カラシナ油は、全身に塗るだけでなく、耳や目にも入れます。目や耳に入れる理由を聞くと、油を入れることで、「風が入るのを防ぐ」のだそうです。これも病いから守るためです。

黒い墨は「ガジャル」と言われ、バターやカラシナ油を燃やした煤《すす》を集めて作ったものです。目にガジャルを付けるのは、妬《ねた》みや嫉妬《しっと》の眼差《まなざ》し(邪視《じゃし》)から避けるためです。嫉妬の目で視られることで、視られた人に災いがもたらされるとする考え方は、「邪視」として、世界の様々な地域でも同種の考え方をする文化があることが報告されています。子どもは邪視を受けると病いにかかってしまいます。それを避けるために、墨を塗っているのです。また、ガジャルを付けることは、目を保護する効果があるという人もいます。子どもだけでなく、大人の女性もガジャルを付けている人がいますが、これは病いを避けるというよりも、より魅力的に見せるための化粧の一つとして用いているそうです。

子どものケアをめぐる人々の営みを通して、いのちを取り巻く世界観が見えてきます。我々の周囲には、「嫉妬の目」や「風」、「ルンチェ」や「サト」など、人には見ることのできない様々な存在が周りにあることを思い起こさせてくれます。文化人類学者は、様々な文化の多様な人々の営みを通して、人を理解しようとしています。どのように子どもに接しているのか、そしてどのようなケアをしているのか、目を凝《こ》らして見てください。子どもを守ろうとする営みを通して、子どものいのちの捉《とら》え方、そして私たちを取り巻く世界観が見えてくるでしょう。

「食べる」力を引き出そう

西方 浩一（にしかた・ひろかず）
作業療法士

肢体不自由児施設、重症心身障害児施設での経験を経て作業療法士教育に携わっている。現在は、文京学院大学作業療法学科准教授。地域の障害児通園施設で摂食指導を含めた作業療法を行っている。障害のある子どもと親の作業について研究を行っている。

作業療法とは——あたり前にできること、できないこと

読者の皆さんは、朝起きて顔を洗い、トイレに行き、ご飯を食べ、着替えをして、歩いて学校へ行くことを特に意識もせずに行っていると思います。ところが、子どもたちの中には、からだを動かすことや、考えることに障害のある子どもたちがいます。そうした子どもたちの中には、日常のあたり前の活動に、誰かの助けが必要な子どもたちがいます。

あかねちゃんは、五歳になる女の子です。脳性麻痺《のうせいまひ》という脳の障害のため、手足を自由に動かすことや、一人で座った姿勢を保つことができません。あかねちゃんは、毎日、障害のある子どもたちが集まる通園施設へ通っています。あかねちゃんは、施設に到着すると、指導員の先生の助けをかりて椅子に腰掛けさせてもらい、からだを支えてもらいながら、朝の支度《したく》をします。

先生はあかねちゃんの手の届くところへ鞄《かばん》を持っていくと、鞄のチャックを一緒に開き

ます。あかねちゃん一人では、チャックの金具《かなぐ》を持ち続けることができないので、先生と一緒に開き、鞄の中にあるお弁当やタオル、連絡帳を決まったかごに入れていきます。

あかねちゃんの移動は、「はいはい」です。通常、五歳になっていれば、自分の力で歩き、好きなところへたやすく移動することができますが、あかねちゃんの場合は、先生の声かけで、ゆっくりと移動します。排泄《はいせつ》や、着替えも一人ではできませんが、先生は、あかねちゃんが自分でできることを待ち、難しい部分だけ手伝うようにしています。このように障害のある子どもたちは、皆さんがあたり前に行っている活動に困難さを抱えていきます。それでも子どもたちは、周囲の関わりや自《みずか》らの経験を通じて、あたり前にできる活動を増やしていきます。皆さんがあたり前に行うことのスピードとは異なるかもしれませんが、ゆっくりと発達(成長)していくのです。

日常生活を支える

障害のある子どもたちの日常生活を支援する職種には、保育士、指導員、看護師や、リハビリテーション専門職と呼ばれる理学療法士、作業療法士、言語聴覚士などがあります。ここでは、作業療法士について紹介したいと思います。理学療法士は、子どもの生活を運動の視点から分析し、基本的な動作である座る、立つ、歩くことができるように物理的知識や技術を用いて支援します。一方、作業療法士は、ご飯を食べることや排泄、お風呂に入ること、友達とサッカーをすることなど普段行っている活動を「作業」と捉《とら》え、これらの作業ができるように支援します。

作業療法士は、作業を誰が、いつ、どこで、どのようにするのか、作業分析を行います。作業分析は、作業のやり始めから終わりまでをいくつかの工程(ステップ)に分け、対象者に必要な支援がどの工程にあるのか調べます。作業療法士は、この作業分析をもとに練習方法や道具等を用いて作業ができるようになるための援助をします。作業療法士が支援する対象は、作業に困難さを抱えた子どもから大人まで、様々な方々です。例えば大人の障害は、脳卒中後の片麻痺《かたまひ》(体の片側半分が麻痺する)や頸髄損傷《けいずいそんしょう》、うつ病や統合失調症などの精神的な疾患を持った方々や高齢者も対象になります。子どもの場合は、ダウン症候群や脳性麻痺、自閉症、知的障害などの発達(成長)過程で病気や障害を抱えた子どもたちを対象にします。主な支援は、例えば、ご飯を食べる練習や、着替え、玩具を使って遊ぶこと、幼稚園や保育園で必要となるお絵描きや、ハサミを使う練習などです。

作業療法士は、子どもたちの発達(成長)過程に応じて、生活の中で必要な課題をお父さん、お母さんと相談しながら決め、行いやすい環境作りや練習方法を提案します。例えば、一人で座ることができず、手を指先まで細かく動かすことができない子どもの場合は、玩具で遊べるように、座位が安定する椅子を使うことや、手をのばしやすくするためにテーブルの高さを工夫します。玩具も指先を細かく動かせなくても手のひらを使って「押す」だけで反応するようなものから始めます。子どもは、自分の力で「押す」ことで、玩具が反応することを理解すると、次からはもう一度やりたいという気持ちになります。この子どものできる部分や気持ちや環境を整え、子どもの力で行えることが増えるように支援するのが作業療法士です。

食べるってどうなっているの——食べる働きの発達

皆さんは、毎日行っている「食べる」ことがどのように行われているか知っているでしょうか？　昨日の晩ご飯をどのように食べたか思い出してみてください。箸《はし》やスプーンを簡単に操作し、食べ物を口に運び、口の中では、歯で噛《か》み砕《くだ》き、飲み込んでいたと思います。これらの活動は、生まれた後に練習し、獲得されると考えられています。

出生後の赤ちゃんは、母乳やミルクを飲む哺乳動作《ほにゅうどうさ》しか備えていません。哺乳動作は、お母さんのおなかの中にいるときに羊水《ようすい》を飲みながら練習をします。また出生後すぐに哺乳できるのは、反射(刺激に対して意識することなく起こる体の反応)を使っているからです。反射には、乳首を探し口の中に入れることができる探索《たんさく》反射や、乳首が口の中に入ると吸い付くことができる吸啜《きゅうてつ》反射があります。

その後、赤ちゃんは、ミルク以外の形のあるものを食べる練習として離乳食《りにゅうしょく》を始めます。生後五、六か月頃は、ミルクの形状に近い、ドロドロ状の食べ物を食べます。この頃(離乳初期)の口の動きは、舌を前後に動かし、顎《あご》の開閉とともに舌が出てきます。口の中に入れた食べ物は、舌で押し出され、外に出てくることもあります。それでも毎日、お父さん、お母さんから一さじずつ、繰り返し食べさせてもらいます。多くの赤ちゃんは、七、八か月になると食べ物を捕食する(唇を使って食べ物を口の中に取り込む)ことができるようになり、舌の動きが上下運動へと変わり、マッシュ状(均一につぶした状態)のものを食べることができるようになります(離乳中期)。さらに九から十一か月頃には、舌の運動が左右になり、顎と頰《ほお》の協調ができるようになり、咀《そ》しゃくする(食べ物を歯茎《はぐき》や歯でつぶす)ことができるようになります(離乳後期)。

この頃までは、お父さん、お母さんから介助してもらって食べることが中心ですが、徐々《じょじょ》に自分の手を使った食べ方を覚えていきます。はじめは手づかみ食べを練習し、手のひらで持てる食べ物を口に運びます。口に上手《うま》く入らないこともあり、こぼすことが多いですが、繰り返すことで少しずつ指先を使って食べ物をつまみ、口に入れることができるようになります。その後、子どもたちはスプーンやフォークなどの道具にも興味を示します。フォークに刺してもらった食べ物や、スプーンにのせられた食べ物を口に運ぶことができるようになり、最終的には、自分で刺すことやすくうことができるようになります。食事における最終段階は、箸の操作になります。箸の操作は、指先のさらに細かい動きが必要になります。鉛筆を親指、人差し指、中指の三指で持ち、縦線や横線が書けるようになると、箸の開閉を用いて、食べ物を挟《はさ》むことができるようになります。こうやって子どもたちは、皆さんと同じような大人の食べ方を獲得していきます。

食べることの難しさ

障害のある子どもたちの中には、手足の不自由さを持つことと同じように、食べることが順調に発達しない子どもたちがいます。口の中に入った食べ物を飲み込むことができなかったり、自分の手を使って食べることが難しいことがあります。例えば、食べ物を上唇と下唇で挟み込む捕食の難しい子どもは、スプーンにのった食べ物を、口唇《こうしん》の力で取り込むことができないので、介助を受け続けなければなりません。また飲み込み(嚥下《えんげ》)の難しい子どもがいます。飲み込みが難しい子どもは、年齢が上がっても離乳の初期に食べていた、ドロドロ状の食べ物をずっと食べ続けることがあります。誤って食道ではなく気管に入ってしまうことがあるとむせてしまい、最悪の場合には肺炎を起こすこともあります。咀しゃくの難しい子どもは、我々が食べる形のあるものを口に入れても嚙み砕くことができません。そのため、舌で押しつぶせる程度のマッシュ状の物を長期にわたって食べている子もいます。手づかみやスプーン、フォーク、箸などの道具を使って食べることが難しい子どももいます。このように皆さんがあたり前に行っている食べることに困難さを抱えている子どもたちがたくさんいるのです。

「食べる」力を引き出そう——作業療法士の関わり

作業療法士は、子どもの支援方法を考えるために「食べる」ことがどのように行われているか、食事場面の観察とお父さん、お母さんからの情報収集を行います。

食事場面の観察は、先に記した食べる機能の発達段階に照らし合わせて行います。子どもの口唇、舌、顎がどのように動いているのかを確認します。首の座りやお座りがどの程度できるのか、立つことや歩くことができるのかなど運動発達の段階、食物を口に入れたときの感覚の受け入れ状態、使用しているスプーンなどの食具の形も確認します。

お父さん、お母さんからの情報収集では、普段食べている子どもの食物形態、お父さん、お母さんがどのように食事介助を行っているのか、困っていることや心配なことを聞き取ります。例えば、捕食がうまくできない場合は、お父さん、お母さんが介助して口の中に食べ物を入れてあげることが多くあります。これは、子どもの動きを手伝っていることになりますが、この介助を継続するだけでは、子どもの捕食する力を引き出すことはできません。作業療法士は子どもの力のみで行える捕食がどの程度なのか実際に介助しながら確認し、支援の必要な部分と子どもが自力で可能な部分を把握《はあく》します。

姿勢を保つことや首の座りが不十分であれば、座位機能や頭部を安定させる椅子を使用します(写真1)。顎の動きが不安定であれば介助者の指で顎を支え捕食を手助けします(イラスト1)。スプーンの形状が口のサイズや捕食機能に合わなければ、調整してスプーンのくぼみの少ないものに変更します。子どもの力にあった介助方法や道具を使用し環境を整えることで捕食の動きを引き出していきます。

イラスト１　介助方法

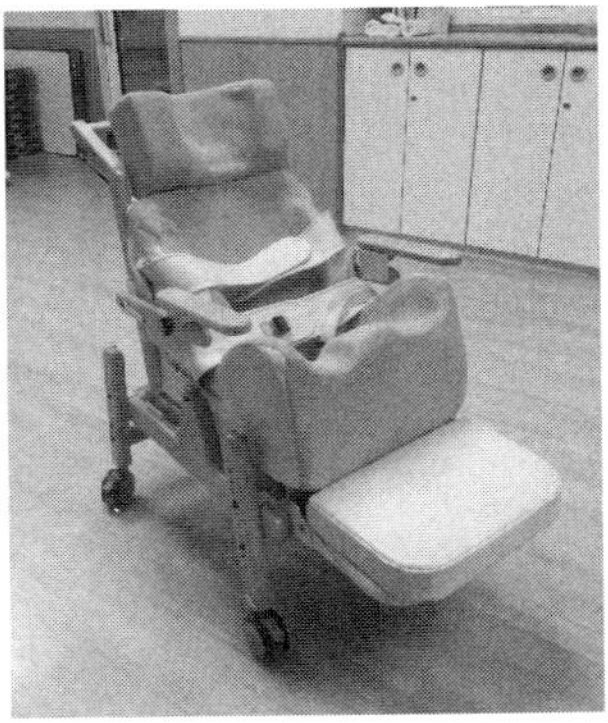

写真１　座位保持装置

また、咀しゃくの難しい子どもには、赤ちゃんせんべいやえびせんのような形のあるものを前歯でかじりとったり、口の脇から入れ、舌の側方《そくほう》運動を促《うなが》し、咀しゃくができるようにします。

手づかみ食べやスプーン、フォーク食べの課題については、子どもの腕や手指《しゅし》の操作が、遊びの場面ではどのようなことが可能なのかを把握します。「握る」「離す」「つまむ」ことがどんな形のものならできるのか、「押す」「引く」「まわす」「ねじる」などの操作がどの程度可能か確認します。食事場面でも、スプーンをどのように握っているのか、どのように口に運ぶのかを観察し、子どものできる範囲を見定めます。その上で、手伝う部分と子どもに行ってもらう部分を提案します。例えば、握る力が弱

写真3　すくいやすいお皿
写真提供：OXO(オクソー)

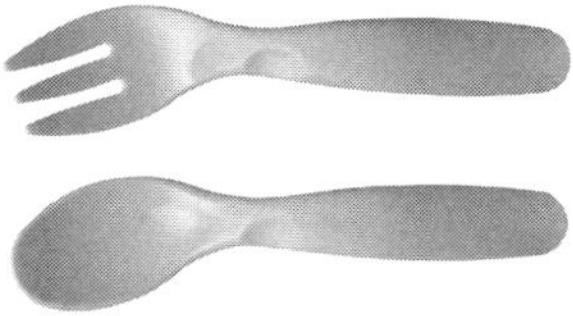

写真2　先端が曲がったスプーン　写真提供：リッチェル

くスプーン操作が行えず口に運ぶことが難しい子どもには、柄《え》を握りやすい形状にするよう太くすることや、先端が曲がったもの(写真2)や、スプーンですくいやすい食器(写真3)を紹介します。

このように子どもへの関わり方や道具などの環境を整えることで子どもは自らの動きを発揮しやすくなり、自分の力で「食べる」経験をします。自分の力で「食べる」経験が、子ども自身の行動を通した周囲からの反応を得る機会となり、環境への働きかけを学ぶことになります。作業療法士は、そうした経験が子どもたちの生きる力の源《みなもと》となると考えています。

家族とともに

作業療法士は、子どもの「食べる」ことを支援する際に、家族との関わりを大切にします。子どもの食べる力は、作業療法士との練習だけでなく毎日の家族との関わりの中で、育ちます。そのため、作業療法の対象の中心は子どもですが、同時にお父さん、お母さんたち家族も支援の対象として考えます。子どもの「食べる」作業を、お父さん、お母さんにとっての育児と捉えることもできるからです。作業療法士は、お父さんやお母さんが子どもの食べることについて、どんな点に苦労しているのかを聞き取り解決方法を考えます。親子が楽しい食事の時間を過ごしながら、子どもの成長や発達ができるように具体的なアドバイスを行います。

なかなか自分の力で食べることができないひろし君のお母さんは、食べ物をうまく飲み込めず舌で押し出してしまう様子を見て、自分の作った食事が嫌いなのだと思っていました。本当は、食べる動きの発達段階が未成熟で、食べ物の食感に過敏に反応していたため、いろいろな食材を受け入れることができなかったのですが、それを知らずに、ひろし君のお母さんは、困っていました。それまでも、ひろし君のお母さんは、離乳食の本を読み、ひろし君の好みに合うように調理をし、工夫を重ねていました。作業療法士は、子どもの示す反応の理由をお母さんに伝え、理解してもらいました。そうすることで、ひろし君のお母さんは、自分の作った物を嫌っていたのではなく、ひろし君の障害の特性が原因だったと理解し、安心することができました。

また子どもの食べる力を促す方法は、子どもの顎や手の動きを支え、動きを待つことなど、それまでお母さんが行っていたやり方とは異なります。そうすると子どもは、今までのやり方に慣れているので、抵抗を示すことがあります。せっかくの楽しい食事の時間も時には、親子のつらい時間になってしまうことがあります。作業療法士は、どの程度なら、今までと異なる食べ方を許容しチャレンジすることができるのか、お父さん、お母さんの気持ちを聞き取りながら、関わり方を決めていきます。

お父さん、お母さんは自分たちが作った食べ物を、子どもにおいしく楽しく食べてもらいたいと願っている人がほとんどです。「食べる」ことを、子どもと家族とのコミュニケーションと捉えると、練習ばかりに目が行くことは窮屈《きゅうくつ》になってしまいます。作業療法士は、お父さん、お母さんの子育てに対する思いや子どもとのコミュニケーションを考えながら、その中で子どもの「食べる」力が増すような方法を検討し提案します。

優貴にとって「動く」ということ

理学療法士
樋室 伸顕（ひむろ・のぶあき）
札幌医科大学医学部公衆衛生学講座講師。一九七六年生まれ。奈良県出身。札幌医科大学保健医療学部理学療法学科卒業、障害児施設や重症心身障害児者施設、整形外科クリニックなどを経て、札幌医科大学大学院保健医療学研究科修了、同医学研究科修了。博士（医学）。研究テーマは家族を中心とした医療、評価尺度の信頼性・妥当性など。

ぼくは理学療法士です。理学療法士は医学的リハビリテーションの専門職です。起き上がる・すわる・立ち上がる・歩くなど、普段の生活の中で基本となる姿勢や動作を通して、自立した豊かな生活ができるように支援します。いわゆる姿勢・動作の専門家です。対象となる人たちは高齢者、障がいのある人、スポーツ選手などで、関わる分野は多岐《たき》にわたります。ぼくの専門は、障がいのある子どものリハビリテーションです。

優貴《ゆうき》とは、彼が小学五年生のときに出会いました。優貴はお母さんのお腹の中にいたのが二十三週間、生まれたときの体重は五百グラムくらいでした。通常は四十週、三千グラムくらいですから、とても小さく生まれました。お母さんが言うには、「片手にのるぐらいだった」そうです。

優貴は生まれつきあまり眼が見えません。口から食べ物をうまく食べることができません。ゼリーのようなものは食べることができますが、固形物や液体は気管に入ってしまうことがあり、肺炎の原因になるのです。必要な栄養はお腹に穴をあけて、胃に直接つないだチューブから摂取《せっしゅ》します。言葉は話せませんが、こちらからの問いかけに対してイエスならば口をあけて声を出してこたえてくれます。ノーならば何もしません。

優貴は自分で移動することができません。支えがないとすわることができません。日常の多くの時間を仰向《あおむ》けに寝た姿勢で過ごします。顔は右向きでいることが多く、背骨と骨《こつ》盤《ばん》のあたりでねじれて足は左側に倒れ、左右非対称の姿勢になっています。自分で動けることとしては、頭を後ろにのけぞらせて全身で反《そ》り返ること、右足をぴょこぴょこと蹴《け》ることです。脳性麻痺《のうせいまひ》という障がいがあり、その中でも優貴の障がいはとても重度です。

優貴のからだは、小学五年生にしてはとても小さいです。そうはいっても、身長や体重は少しずつ増えていきます。骨や筋肉の成長は、体重がかかったり運動したりすることで促《うなが》されます。優貴は自分で姿勢を保ったり移動したりすることができないので、筋肉の成長と骨の成長のバランスが悪くなります。それに加えて、普段、左右非対称な姿勢でいることが多いため、からだの変形が進む危険性があります。からだ全体が後ろにのけぞるように力を入れてしまうので肩や胸の動きが悪くなり、呼吸が浅く苦しくなってしまいます。理学療法では、関節の動く範囲を保てるようにしたり、筋肉が硬くなってしまわないようにしたり、日常生活の姿勢が非対称にならないようにお母さんに指導したり、胸の動きを促して呼吸が楽にできるように関わっていました。

ぼくはそんな優貴を見ていて、なんとか自分でからだを目一杯動かすことができないだろうか、と思いました。からだに障がいがない小学校高学年の子ならば全身を使って遊びます。そうすることで心身ともに健康になり、情緒《じょうちょ》も安定するのです。優貴にもそのような経験をしてもらいたいと思いました。

優貴は自分の思い通りに動くことができません。自分で動こうとすると、反り返るような左右非対称な動きになってしまいます。非対称な動きを多くしていると、からだの変形を進めてしまうのではないかと考えられています。ぼくは変形を進めることなく優貴が目一杯からだを動かすことができないだろうかと考え、海外の研究論文などいろいろ調べました。すると非対称な姿勢のままでいることは良くないけれど、自分で動くことだけが変

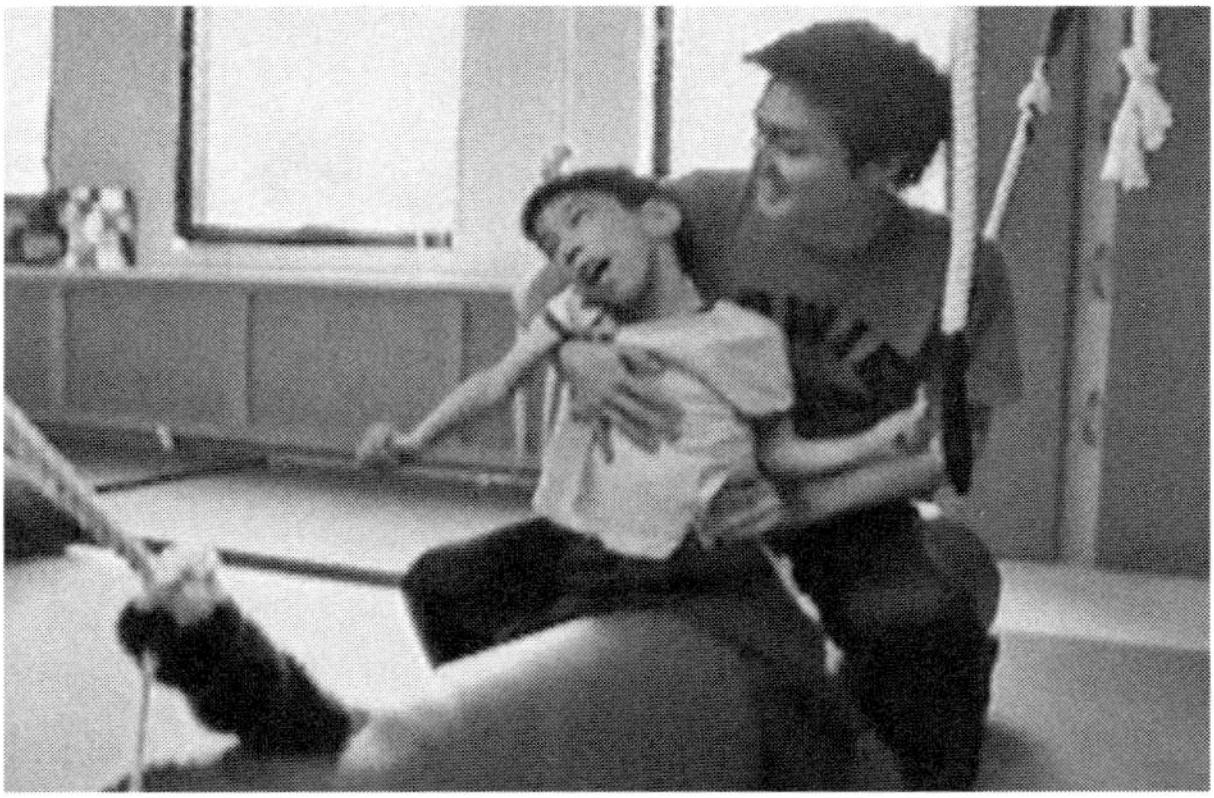

写真1　ロールにまたがり、からだを揺らす優貴

形を進めるわけではないことがわかりました。いろいろな原因が組み合わさることで変形が進むようです。むしろたくさん動いて、筋力や骨を強くして体力をつけることが重要だという科学的に証明された根拠がたくさん見つかりました。

自分で動くためにはどうすればいいのか。優貴は、嬉《うれ》しいときや楽しいときに自分で右足を動かします。このことに注目しました。太いロールの両端を天井からバネとロープで吊《つ》るしたものに優貴を後ろから支えて一緒にまたがり、少し揺らします(写真1)。からだが揺れると優貴は楽しそうに右足を動かします。優貴の足が床を蹴ったときロールを大きく揺らしました。

それによって、自分で右足を動かせば、からだ全体が動くんだということに気付けるようにしました。優貴はからだが大きく揺れることが楽しくて、何度も床を蹴ります。揺れに合わせてリズミカルに両足が交互に床につくようにしてあげると、左足の動きも出てきます。両足で交互に床を蹴るのに合わせて、何度も繰り返し大きく揺らしました。

体調を崩《くず》して週一回の理学療法をお休みすることもありましたが、元気なときはいつもからだを動かしました。定期的に関節の動く範囲や骨盤と股関節《こかんせつ》の間のねじれを計測して、変形が進んでいないことを確認しました。優貴が理学療法に来るのは週一回でしたが、六年生の春頃には自分のタイミングで床を蹴ることができるようになりました。

そんなある日、優貴のお母さんがぽつりと言いました。

「卒業証書を自分で校長先生のところまで取りに行けないかな――」

誰も優貴が自分で卒業証書を受け取りに行けるなんて思っていなかったですし、ぼくも考えたことがありませんでした。でも、ぼくはすぐにお母さんに返事をしていました。

「いいですね！　それを目標にしましょう！」

直感というのか、それまでやってきた積み重ねによって、それが可能だと判断したのだと思います。とにかくその目標を優貴とお母さんと一緒に達成したいと思いました。

リハビリテーションの目的は、子どもだけでなく、その家族など周囲の人たちの生活を彩《いろど》り豊かにすることです。また、リハビリテーションの目標は、家族や学校生活を中心に決定していかなければなりません。そのため、理学療法士は本人や家族の考えや思い、願いを最も大切に考えなければなりません。理学療法でやっていることを、なんとか優貴の生活の中心である学校生活に生かせないものかと考えていたところだったので、もってこいの目標です。優貴に確認したところ、今までにないくらいの笑顔で大きく口をあけました。目標が決まりました。

まずはじめにしたことは、どのような道具を使えば、優貴が自力で移動できるか考えることです。自分の力で姿勢を保つことができないので、からだをしっかりと支えることができて、足で床を蹴ることによって前に進むことができなければなりません。幸い、重い障がいがあっても、自力で移動するための歩行器はいろいろ開発されています。既製《きせい》のものに姿勢を安定させるための少しの工夫をすることで、優貴の移動補助具にすることができました。床を蹴ったときに足が滑《すべ》ってしまわないように、靴には滑り止めをつけました。

今までのロールにまたがる運動では、優貴がからだの動きを大げさに感じることができるように、優貴が少し足で蹴っただけで大きく前後・上下に揺らしていました。しかし移動補助具では、優貴が足で床を蹴ったところで前方に移動するのはほんの数センチメートルです。はじめはこのわずかな動きに優貴は気付きません。眼がよく見えない優貴にこのわずかな動きを感じとってもらうために、声かけの位置やタイミングを工夫しました。

少し離れたところから声をかけ、優貴が動いて近づいてくれば声が大きくなるようにしました。また、優貴がわずかな動きを感じることができるようになるために、今までやっていたロールにまたがって揺れる運動では、揺れの大きさやスピード、リズムなどに変化をつけて、優貴が運動の多様性を感じて動けるようにしました。

次にすることは、学校の担任の先生の協力を得ることでした。卒業式は学校の大切な行

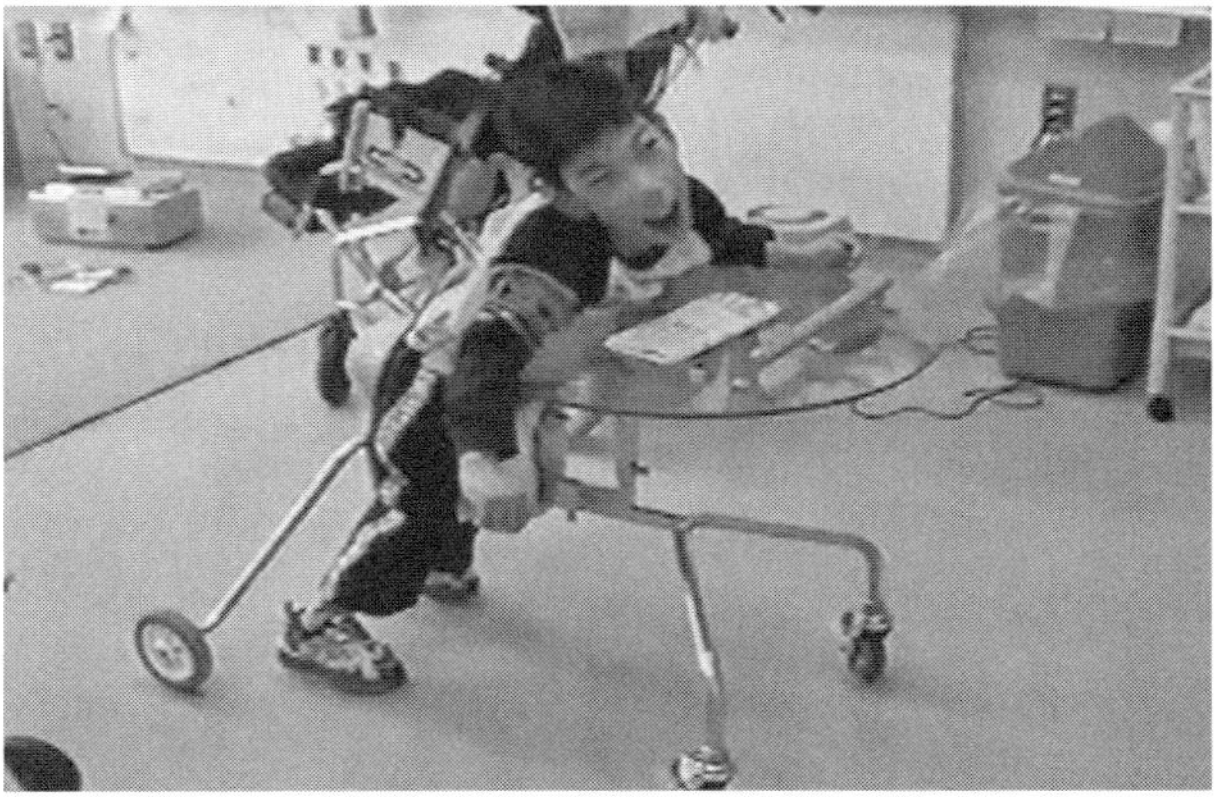

写真2　歩行器を使って進む

事ですから、担任の先生の協力がなければできません。しかしこれは簡単でした。お母さんが先生に話したところ、快く受け入れてもらえました。むしろ率先して練習に取り組んでくれました。クラスの誰よりも早く卒業式の練習をはじめました。ぼくも時々学校を訪問して、担任の先生と姿勢や動きを検討しました。目標が具体的になったためか、学校での練習がはじまってから移動能力は飛躍的に向上しました。

週一回の理学療法と学校での練習のかいがあって、冬になると既製の歩行器を使って五メートルほどの距離であれば一気に進むことができるようになりました(写真2)。優貴はとても楽しいらしく、いつも笑顔で練習に取り組んでいました。優貴が笑顔でいるとお母さんも笑顔になります。もちろんぼくも笑顔になります。

優貴はとても誇らしげに見えました。自分で動ける楽しさや褒《ほ》められる嬉しさはもちろんあったと思います。でもそれ以上に、自《みず》らからだを動かして移動することを達成し、それを見た周囲の人たちが優貴に共感し、楽しさや喜びを共有することができたのです。それが優貴を誇らしげな笑顔にしていたのだと思います。

六年生の二月に入った頃には、優貴は卒業証書を受け取りに行けるくらい十分に自分で移動できるようになっていました。しかし卒業式も近くなってきた頃、肺炎になり入院してしまいました。卒業式には病院から外出というかたちでなんとか出席することができましたが、体調が悪く、自分で卒業証書を取りに行くことはできませんでした。

中学生になってさらに体調を崩し、これ以上肺炎を繰り返さないように、のどから気管に穴をあけ、そこから直接呼吸をするための手術を受けました。肺炎はほとんど起こさなくなりましたが、優貴の声を聞くことができなくなりました。しかし、呼吸で苦しむストレスがなくなって体力に余裕のできた優貴は、からだをとても多く動かすようになりました。移動するスピードが速くなり、十数メートルを一気に進めるようになりました。学習発表会で、自ら移動する必要のある役を演じることになり、今度はそれに向けての練習に取り組むことになりました。

そんなある日、朝起きると優貴の息が止まっていたそうです。救急車で病院に行きましたが、間に合いませんでした。原因はよくわかりませんでしたが、重度の脳性麻痺のある子どもにたまに見られることだそうです。突然のできごとでした。

目標は達成できませんでした。でも、目標に向かって練習を重ねることで、自分でうまく動くことができなかった優貴が、全身を使って移動することができるようになりました。そして、そのことを学校生活に生かしていくことができました。優貴が一人で移動していると、周りのみんなは嬉しそうでした。自分で移動することを通して、お母さんや学校の先生、友達など、周囲の人たちと楽しさや喜びを共有できました。優貴は「動く」ことによって、自分だけでなく周囲の人たちの日常にも彩りをもたらしたのです。動作の専門家である理学療法士にとって一番大切なことを、優貴はぼくに教えてくれました。優貴が自分で移動しているときのあの誇らしげな笑顔はいつまでもぼくの目標です。

予防接種で守るいのち、守られるいのち

小児科医
神谷　元（かみや・はじめ）

国立感染症研究所感染症疫学センター主任研究官。一九七一年三重県生まれ。一九九九年三重大学医学部卒業。聖路加国際病院小児科にて研修後、予防接種の理想的な活用を学ぶため渡米。米国の大学院で公衆衛生を学び、保健所や疾病対策予防センター（CDC）で経験を積んで二〇一四年夏より現職。

病気で弱った子どもたちを再び元気にしてあげよう。子どもには未来があるから。医者になるにあたり、私はそう考えて小児科を選びました。しかし病院勤務を始めると、生まれながらにして病気を抱えている赤ちゃんや、幼くして大病《たいびょう》に侵《おか》された多くの子どもたちが長期入院を余儀《よぎ》なくされている現実がありました。私は自分の考えの甘さを痛感し、それでもなんとか病気の子どもたちの力になりたいと思いましたが、むしろ彼らから教えてもらったことは数知れません。

闘病という体験を通じ、子どもたちはお互いを意識し、ときにはケンカもしますが、仲間として支えあいながら時間を過ごしています。「○○ちゃん今日化学療法の点滴《てんてき》だよね、大丈夫かな？　あれしんどいんだよね」。自分が病気と対峙《たいじ》するだけでも大変なのに、そのように友達をいたわる子どもたちの純粋な思いに私は勇気づけられ、励《はげ》ましあいながら共に病気と闘う姿に感銘《かんめい》を受けました。

白血病の子どもたちは一年近くを病院で過ごし、つらい治療に耐えて退院します。しかし治療の負荷《ふか》で体は大変弱っており、健康な子どもはかからない、あるいはかかっても軽く済む病気が重症化することがあります。

例えば水ぼうそうという病気は水ぼうそうウイルスが体に感染すると発熱と水疱《すいほう》を伴う発疹《ほっしん》が体中にできます。健康な子どもではほとんどの場合数日で完治します。ところが体が弱っている子どもたちはそうはいきません。私が担当した二歳の白血病患者のモモちゃんは、がんばって治療をして退院までこぎつけたものの、通園した保育園で流行した水ぼうそうに感染してしまい、全身に水疱と高い熱を出して病院に戻ってきました。水ぼうそうが治るまでに一か月かかりました。その二か月後、白血病が再発し、懸命《けんめい》の治療が行われましたが亡くなってしまいました。水ぼうそうと白血病の再発が直接関係したとは思いませんが、モモちゃんがつらい治療に耐えてやっと手にしたとても大切な病院の外での時間を水ぼうそうという病気に奪われてしまったことに憤《いきどお》りを覚えました。

水ぼうそうなどの感染症と呼ばれる病気のうち一部は予防接種という方法で防ぐことができます。予防接種はワクチンという病原体を弱めたもの、あるいはその一部が含まれた液体を体内に入れることでわざと病気にかかったような状況を作り出し、体に抗体と呼ばれる病原体を排除するたんぱく質を作らせます。抗体を持つことは体にその病原体に対する抵抗力を獲得させ、同じ病気にかからない、あるいはかかりにくくさせる働きがあります。従って、水ぼうそうのワクチンを接種した人に水ぼうそうウイルスが感染しても基本的に発症しません。

ところが、病気で入院している子どもたちや生まれたての赤ちゃんなど、最も病気から守られるべき子どもたちはすべてのワクチンを接種することができません。なぜなら病気や治療の負荷で弱っていたり体の機能が未熟なため、ワクチン用に弱められた病原体でも体内に入ると病気を引き起こしてしまうからです。

では、彼らを感染症から守るにはどうしたらいいのでしょうか？　それは社会の中から感染症をなくすことに尽きます。ワクチンを接種して病気に抵抗力がある人が増えると、次第に病気は人から人へとうつらなくなり、最終的には病気そのものが社会から排除されます。つまり健康な周りの人たちが予防接種をすることにより社会全体の抵抗力を強化するしかないのです。

ワクチンが開発され、普及するにしたがって、ワクチンがなかった時代と比べ、たくさんの人が病気から守られるようになりました。しかし、まれに予防接種により副反応(ワクチン接種後に熱、痛みや全身症状、合併症などが発生すること)が出たり、予防されるべき病気にワクチン接種後にかかってしまうことがあります。そのこと自体は残念なことで軽んじてはいけませんが、一方で、それだけでワクチンを接種しないという判断をしてはいけない、と私は思います。

私たちひとりひとりが、健康に生まれ育っていることに感謝し、自分のいのちも周りのみんなのいのちも大切にする。このことが、予防接種の基本の考え方です。病棟の子どもたちが友達のことを思いやったように、他の人の痛みや苦しみを推し量り、みんなのいのちを大切にする社会を育《はぐく》んでいくこと。そのために、予防接種は大切な役割を果たします。

子どもも親もみんなで育てる

加賀谷 真梨（かがや・まり）

専門は文化人類学、民俗学

新潟大学人文学部准教授。一九七七年生まれ。お茶の水女子大学大学院修了。博士(社会科学)。沖縄・八重山諸島で家族、ケア、ジェンダーに関する調査を行う。主な著作に「家族と地域が重なり合う場」『ケアが生まれる場』(二〇一九、ナカニシヤ出版）がある。

子どもを育てる——「仮親《かりおや》」が支えた子どものいのち

近年のメディアは、若者が罪を犯したり素行《そこう》が良くないと「その原因は家庭環境にある」と、決まり文句のように語ります。子どもを育てる責任は父親にもあるにもかかわらず、母親の責任を問う声の方が大きいようにも感じます。それは、私たちの社会が血縁で結ばれた親と子の結びつきを絶対的なものとみなし、また、子を産んだ母親だけに育児役割を負わせてきたことによるでしょう。

しかし、子どもは血縁関係のある「産みの親」によってのみ育てられるわけではありません。世界を見渡すと、キリスト教カトリックの社会では、子どもの洗礼式の時にゴッドマザー、ゴッドファーザーといった第三者が、生まれた子どもの後見人《こうけんにん》・保証人になっているのです。

こうした産みの親以外と子どもが親子関係を結ぶ慣習は世界的に広く見られ、日本も例外ではありません。むしろ、日本はそうした親子関係の種類の多さと普及度において、世界でも類例を見ない地域として、全国各地の慣習が明らかにされてきました。

民俗学では、そうした親子関係の慣行《かんこう》を「仮親慣行《かりおや》」、その親のことを「仮親」と呼んできました。仮親は、ゴッドペアレントのように子どもの幼少期に関係を結ぶ場合と、成年期に親子関係を結ぶ場合とがありますが、それぞれ実に多様な親子関係が結ばれました。例えば、幼少期の仮親には、産婆《さんば》とは別に赤ちゃんの誕生に立ち会う「取上親《とりあげおや》」、赤子《あかご》に母親とは異なる乳を与える「乳親《ちおや》」、子どもに名を付ける「名付親《なづけおや》」、子が病弱か親が厄年《やくどし》で子どもの成長が危ぶまれる時に関係を結ぶ「養い親《やしなおや》」などがあります。いずれも産みの親とは別に親を持つことで、その子どもは確実に成長するという考えに基づいた慣習と解釈されてきました。

なお、親子関係を結ぶといっても、子どもが仮親と一緒に住むことも仮親の財産を継承することもありませんでした。あくまでも、仮親は子どものいのちを請け負う人物として存在していたのです。

「ウヤ(親)」が支えた子どものいのち

仮親慣行のうち、特に「養い親」は、全国津々浦々《つつうらうら》、沖縄の小さな離島に及んで見られました。沖縄では一般に「ヤシナイウヤ(養い親)」と呼び、子どもが病弱な時、障害がある時、人に懐《なつ》かない時、やんちゃすぎたり落ち着きがない時、さらには、上の子が早くに亡くなり今度こそ丈夫に育ってほしいと産みの親が願った時などに、子どもに「ウヤ(親)」をつけました。最南端の波照間島《はてるまじま》では「ミチウヤ(道親)」「アヅケウヤ(預け親)」「トゥミウヤ(助け親)」と、ウヤとコ(子)の関係を結んだ経緯に基づいて、異なった名称が当てられていました。

ミチウヤ(道親)は、子どもを連れて早朝に外に出て東の方角に歩き、道で初めて会った人にウヤになってもらったことからそのように呼ばれました。

昭和四十年代頃には、子どものいのちを託《たく》すという意味合いが強くなったためか、アヅケウヤ(預け親)と呼ばれるようになりました。また、産みの親が健康な年寄りの家に出向き、ウヤになってほしいと直接依頼する形式へと変化しました。アヅケウヤの中には、字《じ》義《ぎ》通り子どもの預かり保育をしていた人もいました。保育園のそばに居住していたある女性は、生涯を通じて昭和三十～五十三年生まれの総勢七名の子どものウヤとなり、保育園が始まる前と終わった後の前後一時間、子どもたちの世話をしました。昭和五十三年生まれの男性は、この女性のことを「オッカンパー」(母さんバーチャン)と呼び、高校生になって島を離れた後も、帰島時には土産《みやげ》を持って訪ね、島を出るときにも挨拶《あいさつ》に行ったそうです。

トゥミウヤは、「助け親」や「捜し親」とも呼ばれ、道に迷ったり、いのちの危険にさらされていた子どもを助けた人がウヤコ関係を結んだ場合にそう呼ばれました。例えば、現在八十歳代の女性は、その昔、親戚の墓の落成式の時にヤギ汁を炊いてお祝いしていたところ、三、四歳の男の子の顔に熱い汁がかかったため、アロエの葉で患部を冷やし、その子が泣き止むまでそばにいたことをきっかけにウヤになったと言います。

その女性は、その子がきちんと成長するかずっと気にかけ、高校を卒業し大きくなった姿を見た時は一安心したと言いました。助けられた子は、その女性のことを「お母さん」

と呼び、島に帰ると「彼女ができた」「子どもが生まれた」と、大切な人を連れて必ず近況報告にきたそうです。現在その子は五十代になり、島を離れ本土で暮らしていますが、今でも毎年欠かさずお歳暮を送ってくると言います。

このように、ウヤとコの関係を結んだ後、親しい関係が継続することは少なくありませんでしたし、また継続させることが大切だと考えられていました。そのことは、毎年お盆の時期にウヤが生前暮らしていた家にコが線香をあげに訪れるといったように、ウヤの死後まで関係が続くことにも明らかです。

ところで、なぜ波照間島ではこうした仮親慣行が昭和五十年代まで見られたのでしょうか。理由の一つとして、その頃まで子どもが死と隣り合わせの自然環境に生きていたことが挙げられます。今でこそ島はサトウキビ畑で覆《おお》われて平穏に見えますが、昭和五十年代以前は至る所に沼地、やぶ、田んぼがありました。例えば、ある女性は昭和二十年代に井戸に水汲《みずく》みに行く途中、田んぼで水遊びをしていた三歳前後の子どもたちのうち、一人が水から出てこないことに気づき、急いで陸に引き上げ水を吐き出させたことがあると言います。この女性の救命措置によってその子は一命をとり止めたため、彼女はその子のトゥミウヤになりました。

しかし、残念なことにそれから約十五年後、今度はその女性の子どもが七歳の時に亡くなってしまいます。当時、島には牛に水を飲ませるために掘られた大きな穴がいくつもあり、台風の後はそこがため池と化し、子どもたちの格好の遊び場となっていました。この女性の子どもも友達と共に、くばの葉で作った船をそこに浮かべて遊んでいたのですが、誤って転落してしまったのです。

子どもがふとしたことでいのちを失うことが少なくなかった時代、仮親慣行とは、まさにより多くの大人の目を子どもに注ぐための、あるいは子どもを助けたことへの感謝の意を表すことによって、そのいのちの尊さをみんなが確認するための装置として機能していたと言えるでしょう。

なお、現在この慣習は行われていませんが、平成生まれの子が小学生になっても落ち着きが見られなかった時、「ウヤをつければいいさ」と島の人から産みの親にアドバイスがあったと言います。子どもは親を複数持つことによりその身体や精神の状況が安定し、それが子どものためになるという考えは、今も島の人に広く共有されているのです。

親を育てる——「ウヤ」に支えられた親のいのち

仮親慣行は子どものための慣習と捉《とら》えられてきましたが、筆者は、波照間島で子どもを持つ父親の言葉にはっとさせられた経験があります。島の子どもの生活や育児の変化について話をうかがっていた際、ある父親が「ウヤというのは、子育てに不安を感じる産みの親のためでもあったのだろう。昔の人はよく考えたものだ」と、仰《おっしゃ》ったのです。

確かに、子どもの立場ではなく親の立場に立って考えると、子どもにウヤをつけるということは、自分以外にもう一人ウヤが増えたこと、すなわち親としての責任の重みや精神的負担を共有する人ができたことを意味します。子育てに不安を感じる親にとっては、心労が緩和《かんわ》される効果があったものと思われます。

そもそも親というのは決して完璧《かんぺき》な養育者ではありません。親は家族を養うために仕事をしているわけですから、必然的に子どもから目を離さざるを得ず、子どもを危険な目に遭《あ》わせてしまうこともあるでしょう。また、病気を持って生まれた子を持つ親は不安でいっぱいです。三歳まで入退院を繰り返していた喘息《ぜんそく》を持つ子の親は、子どもが小学校高学年になった後も、いつ発作が起こるか気が気でないと言います。そうした不安は、子どもは十人十色で、それぞれ異なる個性や体質を持つことに由来するでしょう。島で五人の子を持つ母親は、三人目くらいからようやく子育てにおける不安が軽くなってきたと述べました。

それゆえ、自分より人生経験の豊富なウヤが、自分の子ども同様に我が子を心にかけ、時には面倒まで見てくれる仮親慣行は、まさに実の親が他者の支えを得ることで安心感を得られる、子育て支援の制度として捉えることができるでしょう。親自身がウヤに支えられウヤに感謝していたことは、波照間島の多くの親が子どもにその関係性を説明することなく、とにかく「あの家に行ってきなさい」と、否応《いやおう》なしに子どもに何かを持たせてはウヤのところに送り届けさせたことからもうかがえます。

時空を超えた「ウヤ」

仮親慣行は、みなさんにとってありし日の良き慣習としてしか聞こえないかもしれません。実際に、筆者自身そのように思っていた節《ふし》があります。ところが、大阪市西成区《にしなり》にある「こどもの里」という児童施設を訪れた際、筆者の認識は大きく変わりました。そこに現在に生きるウヤがいるように思われたのです。

「こどもの里」とは、子どもたちの放課後の遊び場であり、宿題をしたり社会問題を考える学びの場です。また、親が夜間不在の時、親の暴力にあった時、家にいるのがしんどくなった時、親子で泊まる所がない時に、宿泊可能な子どもの駆け込み寺でもあります。子どもたちは、障害のある子も外国籍の子も、ゼロ歳の子から十八歳の子までみな一緒に遊び、勉強し、時には一緒にご飯を食べ、眠ります。

西成地区は、日雇い労働者が多い地域で、子どもの親にも不安定な生活を送っている人が少なくありません。中には、母親が入院した、父親が逮捕されたといった複雑な事情で夜一人で過ごさなくてはならない子もいます。そうした子どもたちを、常勤スタッフ六名と大勢のボランティアが親代わりとなって、三百六十五日二十四時間体制で見守り世話をしているのです。まさしく、彼らこそ時空を超えたウヤだと言えるでしょう。でも、ウヤは大人に限られません。泣いている子をあやしたり、調理を手伝ったり、時にはおむつを替えたりと、自分より小さな子の世話をしている小さなウヤもたくさんいるのです。ここでは、ほぼ全員がウヤでありコでもあるのがユニークな点です。

また、こどもの里自体が「ここはお母さんお父さんの休息の場です」と謳《うた》っているように、そこは産みの親が育児の苦労やストレスを軽くする場でもあります。経済的にギリギリの生活を送り、これ以上近くにいると暴力を振るいそうなほど精神的に追い込まれている産みの親が、子育ての相談にのってもらい、時には夜間子どもを預けて一人になることで、虐待しそうになっている自分の感情をコントロールできる。波照間島のウヤもそうであったように、子どもの確かな成長の支援は、産みの親の支援と分かち難く結びついているのです。

子どもも親もみんなで育てる

現代は、子どもと共に過ごしたくても夜遅くまで働いているため、それがかなわない親が増えているだけでなく、育児・家事といった役割が不得手《ふえて》であるにもかかわらず、その役割遂行《すいこう》を求める社会のプレッシャーに潰《つぶ》されてしまう親も少なくありません。だからこそ、家族とは血のつながりのあるものという既存の認識に捉われずに、波照間島のように血縁という枠を超えて親と子を育て支える社会の仕組みが必要なのではないでしょうか。

本章では、現代に創出可能なそのような仕組みの一つとして、こどもの里を取り上げました。こどもの里には血のつながりはないけれど、自分の成長を長年見届けてくれる人、自分をいつも気遣《きづか》ってくれる人、本気で怒ってくれる人がいます。そういった人の存在によって、子どもも親も成長でき、それぞれのいのちが育《はぐく》まれるのです。

かつての仮親慣行が教えてくれるのは、親子に対する第三者の関わりの必要性とその重要性です。それをどのように実践していくかは、みなさんのこれからにかかっています。

暮らしのなかの子育て

高田 明（たかだ・あきら）

専門は人類学、地域研究

京都大学大学院アジア・アフリカ地域研究研究科准教授。一九七一年生まれ。京都大学博士（人間・環境学）。日本学術振興会特別研究員、京都大学大学院アジア・アフリカ地域研究研究科助教を経て現職。この間、ＵＣＬＡ言語・相互行為・文化研究センター客員研究員などを務める。おもな著作にPre-verbal infant-caregiver interaction. In A. Duranti, E. Ochs, & B. B. Schieffelin (Eds.), The Handbook of Language Socialization (Blackwell, 2012) など。

あたりまえの日々のものがたり

タロウくんは、二歳の元気な男の子です。大好きなお母さんのお腹には、赤ちゃんがいるそうです。赤ちゃんといっても、どんな顔をしているのか、どんな声で話すのか、タロウくんにはよくわかりません。それでもその赤ちゃんのことを知っているのは、お母さんやお父さんが、晩ご飯のあとやお出かけした公園で「タロウちゃんは、もうすぐお兄ちゃんになるんやで」と、何度も話してくれたからです。赤ちゃん！　毎朝通っている保育所にはアカネちゃんやユウキくんという赤ちゃんがいますが、クラスが違うのであまり一緒に遊ぶことはありません。でもこんどの赤ちゃんは、タロウくんの弟か妹です。毎日一緒に、おやつを食べたりだんごむしを探しに行ったりできるのです。なんてステキ！

タロウくんのお父さんでもある私は、これまで世界のいろいろな子育てについて研究してきました。子育ては、私が学んでいる「文化人類学」という分野では、とても人気のあるテーマです。アフリカの広大な砂漠やうっそうとしたジャングル、美しい南太平洋の島、いたるところに人は暮らしています。これまでたくさんの文化人類学者がそうした遠い土地に出かけていって、そこに住む人たちと生活をともにするなかで、その土地の文化や慣習について調べてきました。赤ちゃんの迎え方にはじまって、亡くなった人の弔《とむら》い方まで、人の生活にはじつにさまざまなかたちがあります。新たな文化や慣習を知ることは、私たちに驚きをもたらします。それだけではありません。私たちが慣れ親しんでいたあたりまえの日々が、とても新鮮なものとして見えてくることがあります。

この章ではこうした文化人類学の立場から、タロウくんたちの例をみちびきの糸として、現代の日本に生きる私たちの子育てについて考えてみましょう。なお、ここでのエピソードは、じっさい見られた事例を単純化したものです。登場人物の名前は仮名です。

家族であることをすること――お腹の赤ちゃん

赤ちゃんをめぐる人々の関係は、赤ちゃんが生まれる前から日々のやりとりを積み重ねるなかで、徐々《じょじょ》に作りあげられていきます。このことを以下のなにげない会話から考えてみます。チカちゃんは夕ロウくんの保育所のお友だちです。チカちゃんのお母さんのお腹にも赤ちゃんがいます。今日チカちゃんは、お家でお母さんとままごとの道具で遊んでいます。二人分のお皿の上には、チカちゃんが置いたおもちゃのトーストがありました。

1 母 ：はい、じゃあお腹の赤ちゃんとお母さんにください。
2 チカ：(トーストにバターをぬる)
3 母 ：熱いし、ふぅふぅしたげてな。
4 チカ：(トーストに息を吹きかけたあと、トーストを母のお腹にあてる)
5 母 ：あ、動いてる。(お腹に手をあてる)うれしいなぁって動いてはる。

一行目でお母さんは、チカちゃんの方にお皿を差し出しながら、「お腹の赤ちゃんとお母さんにください」とリクエストしています。するとチカちゃんは、おもちゃのトーストにバターをぬって、お腹の赤ちゃんとお母さんにあげる準備をしはじめました(二行目)。

これを見たお母さんは、「熱いし、ふぅふぅしたげてな」(三行目)といって、次にチカちゃんがなすべきことを示します。これに応じてチカちゃんは、トーストに息を吹きかけ、お腹の赤ちゃんに食べさせるかのようにトーストをお母さんのお腹にあてます。するとお母さんは、「あ、」という気づきを示すことばを発し、つづいて「動いてる」と、胎動《たいどう》があったことを伝えます。さらに、お腹に手をあてながら「うれしいなぁって動いてはる」といって、お腹の赤ちゃんの声を伝えます。これは、直前のチカちゃんの行いが、お母さんのリクエストに対する適切な応答だったことを示しています。

この例のように、妊娠中のお母さんは会話のなかでよく胎動をはじめとした身体的な感覚をあらわします。そしてこれにより、お姉ちゃんやお兄ちゃんから望ましい行いを引き出そうとします。したがって、一見すると生理的なものである妊婦さんの身体的な感覚についての語りは、じつはしばしば社会的な意味を持っています。生まれてくる前の赤ちゃんをめぐるやりとりは、その赤ちゃんを含めた家族のみんながお互いの行いを調整することによって、家族関係を組みかえていくプロセスでもあるのです。

病院で赤ちゃんを産む

街をお祭りの行列が練り歩いた日、タロウくんはお母さんと一緒に病院に行きました。お腹の赤ちゃんが元気に育っているか、お医者さんに見てもらうのだそうです。病院といっても、タロウくんが熱を出したりお腹が痛かったりするときに行くところとは少し違うみたい。明るい電気がピンク色の壁を照らしています。たくさんのお腹の大きなお母さんやつきそいのお父さんが、ニコニコしたり、心配そうな顔をしたりしています。

お母さんの名前が呼ばれました。タロウくんも、お母さんに連れられて診察室に入りました。ゴツゴツした手の、でもやさしそうなお医者さんがいました。お医者さんは、お母さんのお腹に透明なべたべたするものをぬって、ひものついた丸っこい棒をあてました。白黒のテレビの画面に、見たことのない模様が映《うつ》っていて、大きくなったり小さくなったりしています。映っているのはお腹のなかの赤ちゃん、なのだそうです。「大きなおめめ、ちっちゃなおてて、可愛いわねえ」。タロウくんは看護師さんにそういわれて画面のなかの赤ちゃんをじっと見ましたが、なんだか頭ばかり大きくて気味が悪いと思いました。トクン、トクンという音が聞こえていました。

今の日本では、ほとんどの赤ちゃんは産婦人科の病院で生まれます。それと比べると数は多くありませんが、助産院というところで生まれる赤ちゃんもいます。助産院にはふつうお医者さんはいませんが、経験の豊富な助産師さんがいて、赤ちゃんが生まれる手助けをしてくれます。助産院と比べると、産婦人科ではたくさんの妊婦さんの健康診断やお産が、組織的かつ効率的に進められていきます。それだけではなく最近は、ホテル顔負けの設備で、一流のシェフが健康的でおいしい料理をふるまってくれる病院もあるようです。

タロウくんが見ていたのは、今ではさほど珍しくなくなった「腹部エコー」という検査です。これは超音波をつかってお腹のなかを画像化するもので、もともとは母体や胎児に異常がないかを調べるためのものですが、今ではさらに赤ちゃんのはじめての写真としての意味を持ちつつあるようです(写真1)。妊娠期に撮りためたエコーの写真をアルバムにして渡すサーヴィスもあります。見えない存在であったお腹の赤ちゃんは、腹部エコーをはじめとする医療機器によって今そこにいる人としての姿を与えられるようになっているのです。しかし、大勢の人たちと最新の機器がつくり、支えているこのリアリティは、そ

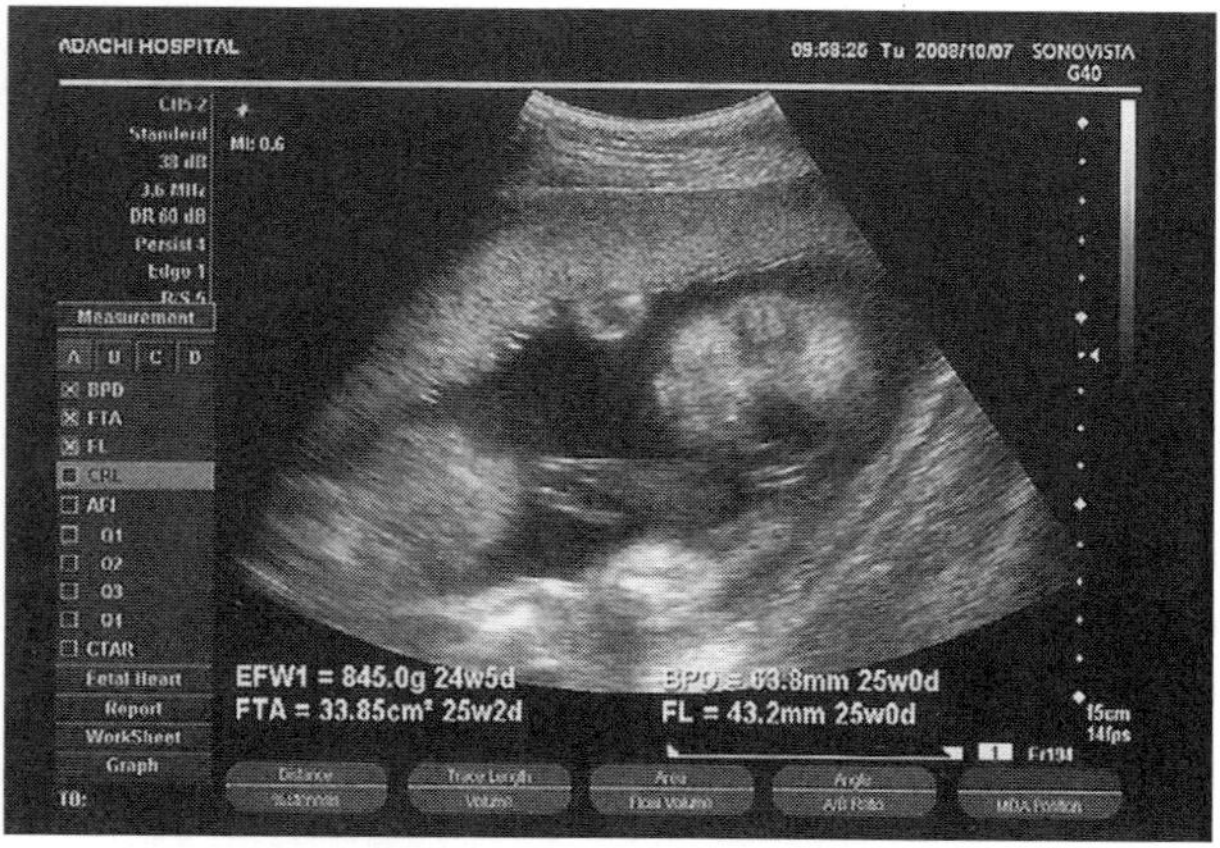

写真１　妊娠７か月時の腹部エコーの写真

れを共有しないものにとってはじつに奇妙なものに映ることでしょう。

こうしたお産のかたちは、じつは日本でもそれほど昔からあったわけではありません。ほんの六十年ほど前まで、大半のお産は赤ちゃんをとりあげた経験の豊富な女性らに支えられつつ、お母さんの実家や自宅で営まれていました。妊娠やお産は、危険をともなうとはいえ、それ自体は病気ではありません。そこで大半のお産では、お医者さんの出る幕はなかったのです。文化人類学では、現在のような医療主導のお産のかたちがどのようにできあがっていったのか、その変遷《へんせん》についてよく調べられています。

ことばの前の会話

蝉《せみ》の声が響く夏。タロウくんのお家にハナちゃんという赤ちゃんが生まれてから、三か月ほど経《た》ちました。柔らかく日差しの入る寝室で、ハナちゃんはお母さんに抱っこされています。そばにはタロウくんが立っています。

1タロウ：これ、あそんで、これ(母の方に丸く巻かれたタオルを差し出す)。
2母　：これ、はい、コロコロして遊んで(ハナを抱きよせて顔を見る)。
3ハナ　：(母の顔の方を見ながら微笑《ほほえ》む)
4タロウ：よっこら［(タオルをハナの顔の上にポンと置く)
5ハナ　：　　　　［(タロウの顔の方を見ながら微笑む)
6タロウ：［しょっと。
7母　：［ははは、うれしいって。

一行目でタロウくんは、「これ、あそんで、これ」といって、丸く巻かれたタオルをお母さんに差し出し、一緒に遊ぶように誘います。でも、ハナちゃんを抱っこしていたお母さんはいったんそのタオルを、それからタロウくんを見て、「これ、はい、コロコロして遊んで」といいます。そしてさらに、ハナちゃんを抱きよせ、その顔をのぞき込みます(二行目)。タロウくんは大きいんだからひとりで遊べるでしょ、といわんばかりです。いっぽうのハナちゃんは、お母さんの顔の方を見ながらにっこり微笑みます(三行目)。じつは、生まれてからずっと自分の身体のリズムに縛《しば》られていた赤ちゃんは、二、三か月ほどになるとまわりからの働きかけに敏感に反応するようになります。この例のように、近くにいる人の表情や声に応答して、そちらに向かって微笑みかけることも増えてきます。

もうすぐ三歳になるタロウくんは、お母さんの関心がずっとハナちゃんに向いていることがおもしろくないようです。遊びの誘いにのってくれなかったお母さんに抗議するかのように、あるいはお母さんの関心を惹《ひ》いているハナちゃんの微笑みを隠すかのように、手に持っていたタオルを「よっこらしょっと」といいながらハナちゃんの顔の上にポンと置きます。これに対してハナちゃんは、タロウくんの顔の方を見ながらまたにっこりと微笑みます(四、五行目：ここでは、角括弧([)は、前後する行の発話や行いがそこから重なりはじめていることをあらわします)(写真2)。三か月児のハナちゃんには、もちろんタロウくんのこころの機微《きび》はわかりません。でも自分の持っている力を駆使《くし》して、まわりからの働きかけに応答しています。

写真2　タロウくんの顔の方を見ながら微笑むハナちゃん(タロウくん：2歳9か月齢、ハナちゃん：3か月齢)

するとお母さんは声を立てて笑いながら、まずハナちゃん、そしてタロウくんを見て「うれしいって」といいます(七行目)。お母さんの笑いは、まずはハナちゃんの純真な姿に魅了されてのものでしょう。でもその後すぐにタロウくんを見て発した、ハナちゃんの声を伝えることばは、妹のハナちゃんと仲良く遊んでね、という母親としてのメッセージのようです。妊娠中に見られた家族関係を組みかえていくプロセスは、赤ちゃんが生まれた後も日々のエピソードのなかでさまざまなかたちをとって続いていくのです。

家族になるプロセス

三年後。タロウくんはちょっと甘えたでいたずら好きな男の子、ハナちゃんは勝ち気で活発な女の子へと成長しました。いいだしたら聞かないハナちゃんは、おもちゃの取り合いでも決して引きません。タロウくんの方が根負《こんま》けして泣かされることもしばしばです。しょっちゅうけんかをしている二人を見て、お母さんとお父さんの心配も絶えません。でも、二人が通っている保育所の運動会の日。ハナちゃんは年長組のかけっこのスタートラインに並んだタロウくんを見て、大きな声で「お兄ちゃんがんばって!」と叫んでいました。四人が家族になるプロセスは、一歩ずつ進んでいるようです。

このエッセイでは、子育てをめぐって起こる些細《ささい》なやりとりを解《と》きほぐすことで、あたりまえの日々のなかで展開するドラマチックな感動を、当事者の視点に寄りそいながら理解しようと試みました。本書の他の章でも示されているように、私たちの町から遠く離れた国や小さな島にも、こうしたあたりまえの日々は広がっています。晴れた空に響く歓声も、人生から色とにおいを奪ってしまうような苦しみも、その背後にあるたくさんの出来事のつながりに支えられています。そうしたさまざまな日常に思いをめぐらせることは、私たち自身の人生を見つめなおすことにつながるのでしょう。

島のいのち

道信 良子（みちのぶ・りょうこ）
専門は医療人類学
札幌医科大学医療人育成センター准教授。保健・医療・福祉領域の質的研究法、子どもの健康と医療、医学教育、小児がんの意思決定などについて研究を行う。おもな著書に『ヘルス・エスノグラフィ』（二〇二〇、医学書院）などがある。

北海道の北西の海にまるいかたちをした小さな島があります。島の中央には標高およそ千七百メートルの山がそびえ立ち、その稜線《りょうせん》は海岸までつづいています。この山をふくむ、島のおよそ半分が国立公園に指定されています。公園区域には、原生的な自然がのこされ、リシリヒナゲシやボタンキンバイなどの高山植物の群落、エゾマツ、トドマツなどからなる山麓《さんろく》部の針葉樹林帯、海岸部の奇岩などがこの島特有の風景をつくりだしています。

この島の子どもたちは、険《けわ》しい山、ごつごつした岩の多い海岸、山麓の美しい草花、島を取り囲む海を見て育ちます。夏の観光期の数か月を除けば、人の往来もほとんどありません。島の住民の多くは、昆布・ウニの採取をはじめとする沿岸漁業や水産加工業、国立公園や海岸部を夏の季節にめぐる観光業で生計を立てています。会社や役場に勤めている人も多くなりました。子どもたちはこうした島の自然や暮らしの環境を土台にして自分たちの世界をつくりだしています。

この章では、この島の小学生の生活をとおして見えてきた子どもの「あそび」と「まなび」と「からだ」の世界を紹介します。島の自然と土地、この地で暮らす人びとの日常、家庭や学校のようすへと徐々《じょじょ》に視点をうつし、最後に、身体感覚の世界から子どもの生きる場を照らします。

あそびの世界

島の春の訪れは遅く、三月の終わりに平地の雪が解《と》けはじめ、四月の半ばになるとようやく雪に覆《おお》われていた地面が顔を出します。子どもたちは、雪が解けて現れた地面を駆け回ります。外遊びには、鬼ごっこ、かくれんぼ、缶けり、ボール遊び、縄跳《なわと》びなど、さまざまな種類があります。鬼ごっこには、色鬼《いろおに》、氷鬼《こおりおに》、高鬼《たかおに》、隠れ鬼、助け鬼、ゾンビ鬼、けいどろ、ロウソク鬼など、ルールが少しずつ違うたくさんの種類があります。

子どもたちの遊びは、事前によく計画されて、実行されているわけではありません。その日の天気や、一緒に遊ぶ仲間の数にあわせて何をするかは自然に決まり、仲間の数が増えたり減ったりするのにあわせて、思いつく限りの活動が次つぎに展開されていきます。

山と海と原っぱと、わずかな施設と人家《じんか》しかない静かなこの島で、子どもたちのよく響く声と、よく動く身体が、何もない原っぱを遊びの空間に変えていきます。

子どもたちはゲームも大好きです。放課後はだれかの家に集まっていろいろなゲームに興じています。コンピューターによってつくりだされたバーチャルな世界に入りこみ、そこから何時間も出てきません。

一方、この島の子どもたちの活動を特徴づけているのは冬の季節の雪遊びです。この島では、十一月初旬に初雪を観測します。十二月には根雪《ねゆき》になり、気温は氷点下十度まで下がります。太陽の高度も下がり、島を取り囲む海の色は暗い藍色《あいいろ》になり、波も高く、風も吹き荒れます。朝も昼も夜にも、雪が窓ガラスをたたきつけるように降り、寒さで家が鳴ります。

数日降り続いた雪がやむと、子どもたちは一斉《いっせい》に外に飛び出して、雪と遊びます。雪投げ、雪合戦、ソリ滑《すべ》りはお手のもので、雪だるまや子どもが一人入れるくらいのかまくらもつくります。滑ったり転んだりしながら雪山を駆け登ります。そして仁王立ちでその頂点に立つ子どもたちが、今度は雪を支配する番です。このようにして、冬の季節に少しず

樹林帯の斜面をスキーで滑り降りる

つ身体を慣らしていくのです。

ニシン漁がまだ盛んだったころに子どもだった一九三〇~四〇年代生まれの世代や、日本の経済が低迷し、島の暮らしも厳しくなっていたころに子どもだった一九七〇年代生まれの世代と比較すると、今の子どもたちは、活動の場を徐々に狭《せば》められているように思います。

親がニシン漁で忙しく働いていた時代には、年齢の違う子どもたちが一緒になって、海や山で好きなだけ遊んでいました。少年たちは浜に集まり、崖から順番に飛び込み、海に潜《もぐ》ってウニをとっては食べていました。山に入り、グミの実を食べ、うっかり転んで膝《ひざ》をすりむいたら、唾《つば》をつけて、イタドリの葉で巻いておきました。

昔は傷の薬として、「赤チン」しかなく、子どもたちは傷口が赤く染まるのを恥じて、それを使おうとしませんでした。昔の遊びは、海に飛び込み、頭を強く打って死亡する危険や、山で大けがをする危険をともなっていましたが、親が子どもの遊びを制限することはありませんでした。

一九七〇年代生まれの島の人たちは、不況のなかのおとなの不安や焦《あせ》りを肌で感じて育ちました。勉強がつまらなくなって学校に行かない子どもや、祭りの日にフェリーに乗って島を出て、娯楽施設で朝まで遊んで連れ戻された子どももいました。今、子育て世代であるこの世代の人たちは、子どもの数が大幅に減ったことで、一人ひとりにかける時間が増えました。そのため、親が子どもの活動の範囲を制限するようになり、海にも山にも、島の外にも、子どもたちだけで行くことはできなくなりました。工事現場や橋の下、親が留守の家、温泉や食堂にも子どもたちだけでは行けません。

このように、今の子どもたちはさまざまな危険から守られるようになっています。それでも、子どもはおとなが見ているのとは違う空間を、島の自然や社会のなかに見出し、好奇心のおもむくままに行動し、その身体で、遊びの空間の輪郭《りんかく》を描いているように思います。

まなびの世界

この島には海岸に沿って四つの大きな集落と二十数個の小さな集落があり、大きな集落には小学校と中学校が一校ずつあります。どの学校も海岸から少し離れた山のすそ野に建っているので、子どもたちは山に向かって登校し、海に向かって下校します。四つの小学校のうち、二つは全校生徒二十人から三十人ほどの小さな学校で、ほかの二つは全校生徒七十人から百人の大きな学校です。小さな学校も大きな学校も午前八時十五分に始まり、午後二時から三時半までに終わります。使っている教科書や教材も同じ、学習目標や学習内容も同じで、日本の他の地域の小学校とも大きく変わりません。

しかし、四つの集落それぞれの特徴が、子どもの集団化の特徴に現れています。二つの大きな学校はそれぞれ、病院や官公庁の施設が立地する地域と、観光産業で発展している地域にあるため、島外からの移住者や短期滞在者も多く、子どもたちはいくつものグループにわかれています。小さな学校は、二つとも人の往来が少ない地域にあり、子どもたちは学年や性別などの違いを超えて、よくまとまっています。そのうち一つは、全世帯数（約三百世帯）の約半数がウニや昆布漁で生計を立てている集落にあります。この小学校には、二十世帯、三十人ほどの子どもたちが通っています。そのほとんどが幼いころからの知り合いです。

漁を営む家の子どもも、そうでない子どもも、夏の間は、集落の夏場の慌《あわ》ただしさを肌で感じて過ごします。六月初旬にウニ漁が解禁になると、父親が早朝から漁に出るため、「旗があがった」日は朝早く起床し、午前七時過ぎまで漁や家の手伝いをしてから、学校に行きます。七月下旬には昆布漁も解禁になり、九月初旬までの夏の間は、天候が良ければ、父親は毎日海に出ます。母親や子どもたちには、昆布の雑草取り、昆布干し、昆布干し場の片付け、漁具《ぎょぐ》の整理などいくつもの「陸の仕事」があります。中学生や高校生ともなれば勉強や部活の時間も必要になります。しかし、漁の手伝いはよほどのことがないかぎり免除されません。母親が近所の家で、夏の期間だけ、パートタイムで雇用されて働いている家もあります。冬は夏に稼《かせ》いだお金で暮らします。そのため、朝早くから夜遅くまで母親が家にいないこともあります。

小さな学校では、学級の人数はおよそ四人から七人で、女子一人、男子一人になることもあります。二つの学年を一つにした複式学級もあります。このような集団では、学年や性別、体格や動作、家族の構成や親の職業、そして病気や障がいがあるかないかなど、個人のさまざまな違いは、全体のまとまりのなかに消えていくように見えます。少ない人数で、だれもが違いを生きているからです。言葉遣いや動作の特徴をからかい、相手を怒らせたり泣かせたりすることもありますが、大きな問題には発展しません。クラスのなかで女子一人でも仲間外《はず》れにはなりませんし、その女子も堂々と振る舞っています。学習に障がいのある子どもも特別扱いされず、みんな普通に接します。

日常の小さな出来事にも動揺しません。朝から不機嫌で、書道も図工の制作も失敗し、二階に上がる階段の踊り場で一人泣いている男子や、足首の捻挫《ねんざ》を理由にマラソンの授業を欠席しようとして、先生から叱《しか》られている女子に、子どもたちは遠巻きにようすを見て、過度に心配したり同情したりしません。その子たちが一人で立ち直り元気になるまで見守ります。何よりも、同じ土地で幼いころから一緒に生活してきた時間のなかで身についた生活感覚が子どもたちの間に共有されていて、それが子どもたちの連帯を支えています。

からだの世界

島の小学生に「大きくなったと思うのはどんなとき?」とたずねてみました。子どもたちは、木の枝に手が届くようになったとき、ベッドのふちに足が触れるようになったとき、浴槽《よくそう》をまたげるようになったとき、教室の机を両腕で抱えられるようになったとき、給食を全部食べられるようになったとき、百三十cmの服が小さくなったときなど、変化の目印になる事物《じぶつ》との比較で、身体の変化をとらえていました。つまり、長さも大きさも量も変化しないモノと、変化し続ける自分の身体との対比で、「成長」を理解していました。

これとは逆に、身体が生活空間にあるモノの特徴を理解するための基準になることがあります。二学期のある日、小さな学校の一年生の学級で、四人の児童が、算数の「長さの比べ方」を学習していました。この日は、直接比較できない長さの比べ方を考えます。この学習のねらいは、「ひも」などの道具を使って、長さを間接的に比べる方法を学ぶことです。そこで子どもたちは、「机」を対象に、その縦と横の長さの違いをはかることにしました。そのとき一人の少女が、机の角に自分の脇をくっつけて、自分の腕を使って、机の縦と横の長さを比べはじめました。自分の腕の長さを基準にして、机の縦の長さは腕よりも短く、横の長さは腕よりも長いことを確認したのです。

子どもたちはいつもこのように、身体全体で、まわりの世界を知ろうとします。子どもたちはよく額《ひたい》がくっつくほど互いの顔を近づけて、ゲームや虫や木の実など、その時どきの関心の的《まと》となっているものを見ています。九月のある日、小さな学校の二年生の教室で、男子三人が朝の登校途中にひろったどんぐりを見ようと集まっていました。一人が、湿ったビニール袋をそっと開けると、緑色の丸いどんぐり十数個が、青いにおいを放って飛び出しました。「バナナのにおいだ」と三人は口々に言いました。まだ十分に熟していない青いバナナのにおいに似ていたのです。

子どもには、身体が触れ合う距離に近づくことが、お互いを理解するために必要なようです。生身の身体の感覚をとおして相手を知るのです。そのため、子どもが数人集まれば、いつも互いにまつわりついてたわむれています。雪が降ると、雪山を駆け上がり、手をつなぎ、ソリに乗って、勢いよく滑り降ります。遠目に見ると、ふにゃふにゃと動くかたまりが雪山の上を行ったり来たりしています。うっかり衝突して転げ落ちる子どももいます。ぶつかったときの身体の重み、驚いたときのしぐさや笑い声、肌に触れたときの感触や汗のにおいが、相手を知る手がかりとなって身体に記憶されていきます。

島では、一緒にまわりの世界を探索《たんさく》したときの、身体感覚の共有という体験が、同じ土地に住む同じ仲間たちとのあいだで、幼少期から思春期まで積み重ねられることが特徴です。その体験をとおして、ことばにしなくてもわかる関係が築かれていきます。

ところで、子どもはいつも元気で健康であるわけではありません。毎日の生活に病気やけがはつきものです。この島で唯一の病院がまとめた統計資料によると、病院の外来患者数は一日平均九十人で、そのうち三〜四人くらいが子どもの患者です。子どもに多い症状は、頭痛や発熱、腹痛や下痢《げり》、けがや打撲《だぼく》など日常的に起こる身体の異変です。流行期には、インフルエンザやマイコプラズマ肺炎などの感染症も拡がります。骨折が疑われるときや、かぜをこじらせて気管支炎や肺炎を起こし、島外の病院に紹介されたり、搬送《はんそう》されたりする場合もあります。

子どもは痛みや不快感で、身体の異変に気づきます。島では、身体の不快な感覚を「いずい」と表現することもあります。そうして異変に気づいたら、家にいるときには、母親や父親などその場にいる家族に痛みや「いずさ」を訴え、戸外で友だちと遊んでいるときには、友だちにそれを伝えます。子どもたちはしばらくその子のようすをうかがうのですが、痛みが強そうで、我慢できないだろうと判断すれば、その子のそばについている役、おとなを呼んでくる役にわかれ、近所の高校生や知り合いで、緊急事態に対処してくれる人を探します。

島では、子どもが病気やけがで治療が必要になったとき、家でようすを見るのか、島の病院なのか、島外の病院に行くのか、フェリーの時間に間に合うのかなどいくつもの条件を考慮しなければなりません。子どもたちは、おとなたちの、その時どきの判断のようすとその経過をよく見ていて、その状況のなかで、「病《やま》い」を経験します。他の子どもが病気やけがをした出来事も、そのときに自分が果たした役割とともに、鮮明に記憶していきます。そのため、「病い」の経験には、病《や》んでいる人がだれであれ、まわりのみんなでそれを共有するという側面があります。

島の子どもたちは、まわりの世界を身体で知り、まわりの世界と身体でつながり、身体が病んだらつながりのなかで対処していきます。こうして、子どものいのちは、この土地と人びとの暮らしに織り込まれるようにして、島のいのちの景観をつくりだしています。いのち、土地、暮らしの結びつきはこの島だけに見られる現象ではありません。人はだれもが生きる場をもっています。みなさんのまわりにも、いのちの景観は広がっています。

被災後の「今」を生きる

櫻　幸恵（さくら・ゆきえ）

専門は社会福祉学（子ども家庭福祉）

岩手県立大学社会福祉学部准教授。東北大学大学院教育学研究科博士課程前期修了、教育学修士。社会福祉士。岩手県職員、岩手県立大学社会福祉学部助手を経て二〇一二年から現職。岩手県教育委員会スクールソーシャルワーカー支援チーム・スーパーバイザー。ノーバディーズ・パーフェクト（カナダ保健省親教育支援プログラム）認定ファシリテーター。

おやこの広場きらりんきっず

「おやこの広場きらりんきっず」は、東日本大震災で壊滅的《かいめつてき》な被害を受けた岩手県陸前《りくぜん》高田《たかた》市にある、就学前の子どもと親を対象とした子育て支援拠点です。

私がはじめてそこを訪れたのは東日本大震災前年の十二月でした。私の専門は社会福祉学の「子ども家庭福祉」という分野です。福祉的支援によって子どもの成育環境を整え虐待の未然防止を図ったり、親が本来持っている力を引き出す(エンパワメント)支援を行っています。そのため、お母さん方が新規に立ち上げた子育て支援拠点へのサポート依頼があったのです。

その日、内陸の盛岡市から車で二時間半かけて訪れた私を、代表の伊藤昌子さんとスタッフの皆さんは笑顔で迎えてくれました。そこは白木づくりの居心地の良い、安心感が溢《あふ》れる場所でした。

被災前の「おやこの広場きらりんきっず」

陸前高田市は岩手県の沿岸南部に位置し、穏やかな気候の自然豊かなまちですが、震災以前から過疎化や少子高齢化が進み、子育てに関する社会資源が少ないことが課題でした。また、親同士が気軽におしゃべりや情報交換ができる場所や子ども同士を遊ばせる場所が少ないため、お母さん方には親子で集える場がほしいという思いがありました。社会資源の少ない地域では、気軽に訪れることができる居場所、があることは、子どもの育ちにも子育て中の親にも、都市部とは異なる重要さがあります。

普通の主婦だった伊藤さん達メンバーは、「安心して生み育てられる町、子どもの笑顔が溢れる町にするために気軽に立ち寄れる親子の居場所をつくりたい」と願い、平成十八年に「気《け》仙《せん》地域子育て支援ネットワークＷａ－Ｉ」を結成し子育て支援活動を開始。市役所と交渉して予算を獲得し、駅前商店街

被災した「きらりんきっず」

の空き店舗を改築して、平成二十二年七月に民間としては市内初の支援拠点施設「おやこの広場きらりんきっず」を開所しました。そこは親子の願いが詰《つ》まった大切な場所でした。まさか一年も経《た》たないで跡形《あとかた》も無く破壊されるなんて、誰ひとり想像していませんでした。

三月十一日——東日本大震災

その日は突然やってきました。平成二十三年三月十一日、午後二時四十六分。雪のちらつく寒い日、激しい揺れとその後に襲った巨大津波は黒い大きな塊《かたまり》となって人々を呑《の》み込み、まちを破壊しました。伊藤さんのご主人もスタッフのご家族も津波でいのちを落としました。きらりんきっずも壊滅しました。高校二年生、十七歳だった私の姪《めい》も陸前高田市で亡くなりました。

あの日の朝、いったい誰が「今日までのいのち」と思ったでしょうか。姪を見つけた体育館の床には、おびただしい数の異形のご遺体がビニール袋に入って並んでいました。その中にいた幼子《おさなご》の開いたままの黒い瞳を今でも思い出します。震災の死者は全国で一五、八八四人。行方不明は二、六三三人（平成二十六年三月十一日現在）。統計数字が語るのは、「一人ひとりのいのち」の数です。

避難所の生活

「きらりんきっずが、陸前高田市立第一中学校の避難所でおやこの広場を再開している」。震災後一か月を過ぎた頃、盛岡の書店で偶然会った知人が教えてくれました。その時の驚きは言葉に表せません。壊滅した市街地で、自分たちも被災者なのに再開とは。

四月末に訪れた高田一中避難所は国内外の支援者が出入りし砂埃《すなぼこり》が舞っていました。体育館には避難者が溢れ、校庭には仮設住宅が建ち始めていました。

高田一中（避難所）の図書室

地域が根こそぎなくなり、大切な家族が奪われ、依然として行方不明の方も多くいました。当たり前だった日常が跡形もなくなり、とても現実とは思えない出来事をどう受け止めればいいのか。感覚をマヒさせなければおかしくなりそうな、プライバシーもない雑《ざ》魚寝《こね》の毎日の中で、小さい子どもを抱えたお母さん方は周囲に遠慮しながらじっと我慢して過ごしていました。それを目《ま》の当たりにして「こんな時だからこそ親子の居場所が必要」と活動再開を決意した伊藤さんは、何とか学校に頼んで場所を貸してもらったそうです。

伊藤さん自身もご主人を亡くし自宅も流されて、子どもさんと一緒に実家に身を寄せていました。他のスタッフもご家族を亡くし家を流されて大変な中、四月十四日には親子のために子育て支援の場所を開設して活動を再開していたのです。

避難所の二階図書室。端《はし》っこの細長いスペースにシートを敷き、入口には手書きの看板。しかし、おもちゃや絵本で遊ぶ親子の周りには、あの普通の日々の懐《なつ》かしい空気がありました。以前の施設は壊滅したため、おもちゃや絵本、遊具などはすべて支援物資で、国内外からの支援者がボランティアに来ていました。おやこの広場ではミルクやオムツ、非アレルギー食の配布などを行っており、そこは安心して授乳ができ、子どもを遊ばせる場、親子の居場所となっていました。避難生活でばらばらになっていた人達が再会したり、不安を吐き出したり、情報交換したりする場でもありました。

親たちもスタッフも、子どもたちの笑顔や生きる力に励まされ、元気をもらうこともたくさんありました。あるお母さんは「きらりんきっずがあって本当に良かった。ほっとして息をすることができた。いのちをもらえた気がした」と話してくれました。この場所があったおかげで、震災を生き延びた多くの親子が、「新しいいのち」を生き始めることができたのだと思います。

新しい地域といのち――破壊を乗り越えて

多くの支援者や報道陣への対応、避難所で疲弊《ひへい》しているお母さん方への支援で、疲労が蓄積《ちくせき》した伊藤さん達をサポートするため、私は盛岡から定期的に訪問するようになりました。高田一中が学校機能を戻しつつある中、図書室での開所は制約が多く、また、夏には避難所が閉鎖の予定となったため、伊藤さん達は他の活動場所を探し始めました。

被災前に同じ商店街だったお店のご厚意で仮設店舗内を間借りできることになり、平成二十三年八月一日に市内の鳴石《なるいし》地区に移転。店のお客さんが少ない午前中を中心に活動し、登録者が約五十組となりました。仮設住宅や在宅で子育てをしている親子とご家族です。

スタッフが利用者支援で心がけたことは「心配しなくても大丈夫と伝える」「情報を共有する」「社会とつなげる」「周囲の理解を深める」でした。誰もが必死で復興に取り組む中、現実は遅々《ちち》として進まず、地域にはお母さんや子どもたちの居場所はほとんどありません。そんな中、狭い仮設住宅から非日常の荒涼《こうりょう》とした町を通ってきらりんきっずを訪れると、いつも温かい雰囲気と迎えてくれる笑顔がありました。

「遊ぶ場所がないので子ども同士で安心して遊ばせることができる」「広場に来て話をするだけで気持ちが軽くなる」「子育ての情報やヒントがあるので助かる。ここがあって良かった」。被災後を生き始めた親子にとって、きらりんきっずは砂漠のオアシスのような安心安全の場所だったと思います。

平成二十四年六月には中小企業基盤整備機構の仮設施設整備事業によって、きらりんきっずは商店街とともに高台にある大隅つどいの丘商店街の仮設店舗に再度移転。一区画を確保し、現在は月曜日から金曜日の午前十時から午後三時まで開所、親子の居場所活動のほか、食育、親子リフレッシュ、夕涼み会などのイベント、父親も参加しやすいようにパパデーを設けるなど精力的に活動をしています。平成二十五年十二月には特定非営利活動法人の認証を受け設立登記をしました。

希望のいのちと「きらりんきっず」

震災後「こんなところで子育てなんかできない」と泣いていたあるお母さんは、第二子を出産。お子さんは成明《せいめい》くんと名づけられました。せいめい＝明るさを成すいのち。周りを明るく照らす、復興への願いが込められた名前です。新しいいのちは、被災地にとって希望の光です。しかし、その光が輝いて生きるためには、地域の環境整備が必要です。被災地における喫緊《きっきん》の課題です。

震災から三年半が経過し、子どもたちは非日常の風景の中で成長しています。公園が無いため滑《すべ》り台や砂場で遊んだ経験も無く、遊び方を知らなかったり、地域コミュニティが崩壊《ほうかい》しているため、寄り道やいたずらをする場所も無い。思春期の子がデートする場所も無い。子どもが身を置く自由な居場所が無いのです。子どもにとって、「今、この時機（タイミング）に必要な支援」は「今、ここ」で必要です。三歳に必要な支援が五年後に届いても間に合いません。だからこそ「今、ここ」で親子を支えるきらりんきっずの活動は、かけがえのないものだと思います。

実は最近、地域の子ども達に気になる変化が起きています。今まで元気だった子どもの中に、急に落ち込んだり抑うつ的な様子を見せる子が出てきているのです。死を怖がる、ひとりで眠れない、怖くて昼でもトイレのドアを閉めることができないなど、震災は深い心の傷を子ども達に負わせました。不登校や問題行動も見られます。阪神淡路大震災では、十七年後に震災の影響が現れた事例もありました。これからが正念場です。継続的な支援を地域で連携して実践していかなければなりません。

これからの活動――地域のエンパワメント

津波で破壊され寸断されたコミュニティを元に戻すには大変な知恵と工夫を必要とします。地域が育《はぐく》んできた伝統やアイデンティティをどう取り戻し、親子を支えていけるか。被災地の模索は続きます。

ひとつの試みとして、昨年の夏、私はファシリテーター(進行役)として、きらりんきっずのお母さん方に「ノーバディーズ・パーフェクト(完璧《かんぺき》な親なんていない)」という六回連続の親支援プログラムを行いました。そのプログラムを通してひとつの変化がありました。「今まで我慢すればいいと思っていた。でも、自分達でできることはやってみよう」という声が出て、市長と話す会を設けるなどお母さん方が積極的に動きだしたのです。きらりんきっずの活動を通して、フラワーアレンジメントやベビーマッサージの資格を取ったり、きらりんスタッフとして活動する方も出てきています。もともと持っていた力が、エンパワメント(力を引き出すこと、社会的力づけ)され、新しい活動につながっているのです。

復興支援は、もともとあった地域の力、人々の力を取り戻す支援です。過去には決して戻れない。しかし、人には新たな地域を創り、生き抜く力があると信じています。再生は人と人との関わりから生まれます。例えば、きらりんきっずのような地域住民の思いから生まれた場を足がかりに、地域は再興していくのではないでしょうか。地域住民の思いに沿って再興された地域でこそ、新しく生まれたいのちも輝くことができる、私はそう思っています。

子どものいのちが持つ力

陸前高田市をはじめ被災地では新しいまちづくりが進んでいますが、為政者《いせいしゃ》の方々には、ぜひ小さな子どもや若い人たちの意見にも耳を傾けて欲しいと思います。隣の大船渡《おおふなと》市では高校生が子育て支援の話し合いに参画《さんかく》し、市長に提言を出しました。子どもは守られるだけの弱い存在ではありません。権利主体として独立した人格を有する強い存在、地域を創る強力な力の源《みなもと》なのです。

いのちには意味がある。しかし今回の震災のように、私たちの思いに関係なく、時にそれは理不尽《りふじん》に奪われてしまいます。だからこそ私たちは、いのちの意味を考えて「今」を生きなければなりません。読者の皆さんにも、どうか毎日を大切に生きてほしい。そして、できるなら東北の復興に力を貸していただけたらと願っています。

歌と踊りでつなぐいのち

藤田　美樹（ふじた・みき）
専門は在宅看護、国際保健
日本教育財団名古屋医専。高校三年生の時に看護師になってアフリカで働きたいと考え、京都第一赤十字看護専門学校を卒業し、インドに渡る。医療器具や材料が不足している中で工夫する楽しみに魅せられ、その後、モザンビーク共和国、ザイール共和国、ザンビア共和国で医療プロジェクトに参加した。

皆さんは病気の予防法や病気になった時にどうすれば良いか、という知識をどこで誰に教えてもらいますか？　おそらく、学校では保健の授業で先生に、家でお父さん、お母さんに、病院でお医者さんや看護師さんに教えてもらいますね。では、学校に保健の授業がなかったら、お父さんやお母さんが病気の事を知らなかったら、病院に行かなかったら、どうしたら良いでしょう？

ここでお話しするのは、アフリカ大陸の南部にあるザンビア共和国で行った、歌って踊る保健教育の紹介です。ザンビア共和国では生まれてから五歳になる前に、病気で亡くなる子どもがたくさんいます。統計でいうと、千人の子どもの中で、六十人は五歳になる前に亡くなってしまいます。皆さんが住んでいる日本ではどうでしょう。同じように千人の子どもの中で五歳になる前に亡くなる子どもは二人です。では、どうしたら病気で亡くなる子どもの数を少なくする事ができるのでしょうか。

私がお話しするのは独立行政法人　国際協力機構（ＪＩＣＡ）という組織が行った医療プ

ロジェクトの中の保健教育の活動です。プロジェクトのメンバーは、医師や看護師、公衆衛生の専門家で、それぞれの専門分野を担当して、プロジェクトを進めていきます。

ザンビア共和国では、ヘルスセンターと呼ばれる病院で子どもの体重測定や予防接種が毎月行われています。その時に、看護師さんが病気の予防や手当てについて話をします。日本で行われている赤ちゃんの定期検診と同じです。

日本では検診にたくさんのお母さんが来ていますが、ザンビアでは体重を計るために病院に子どもを連れて来るお母さんは、残念ながらあまり多くありません。病気ではない子どもの体重測定が重要である、という知識を持ったお母さんが少ないからです。そこで、もっと多くのお母さんに子どもの体重測定に来てもらいたい、お母さんだけでなくお父さんにも参加してもらいたい、と考えて、住民が暮らしている家の近くで体重測定を行う事にしました。体重測定と一緒に予防接種を行い、集まった人々に家でできる病気の予防や手当てについての知識を伝えます。その知識が少しずつ普及すれば、病気で亡くなる子どもが少なくなっていくはずです。

まずは、ひとりでも多くの人に集まってもらうために、何ができるか、ザンビアの看護

家の近くで行う、子どもの体重測定の様子

師さんや地域に住む人々と一緒に考えました。そこで出てきたアイディアが、ザンビアの人々が大好きな歌や踊りを披露《ひろう》してみんなを集める事でした。何か面白い事をやっているな、とまず集まってもらい、その場を利用して保健教育をすれば一度に多くの人々に病気について知ってもらう事ができるのです。

保健教育の方法も言葉で伝える手法ではなく、劇が得意なグループに頼んで病気になった子どもを手当てする面白い寸劇を作り、踊りが得意なグループには病気の予防に大切な事を歌詞にした歌と踊りを作ってもらい、見ている人々が楽しみながら病気に関する知識を学べるように工夫しました。体重測定の日には「子どもの体重測定だよ」と歌いながら歩くと、次々に子ども達が集まって一緒に歌い出します。体重測定をする前に広場で寸劇を始めると、小さな子どもを背負ったお母さんやお父さんが集まります。寸劇が終わると、踊りが得意なおばさん達が出てきて、太鼓《たいこ》を叩《たた》いて踊ります。周りで見ていた子どもや大人も太鼓に合わせて踊り出します。そして家で病気を予防する方法を歌にして、みんなで歌うのです。

人々に知識を普及する方法はいろいろありますが、ザンビアに住む人々の生活の一部である踊りや歌を保健教育に取り入れる事で、日常生活の中に病気の予防や手当ての方法が活かされる大きなメリットがあります。言葉だけでなく体を使う事で人々への伝わり方が違ってくるのです。

私がこのプロジェクトに参加したのは三年間でした。その間に体重測定の歌は子どもの間で歌われるようになり、病気に関する知識を持ったお母さんの数も増えました。それでもすぐに病気で亡くなる子どもが減っていく訳《わけ》ではありませんが、人々の間で歌や踊りが受け継がれ、歌を覚えた子どもが大人になる頃には、子どもが病気になってもお父さんやお母さんの力で助ける事ができる日が来るのではないでしょうか。

子どものいのちとみとり

波平 恵美子（なみひら・えみこ）
専門は文化人類学、医療人類学
一九四二年生まれ。お茶の水女子大学名誉教授。
おもな著作に、『いのちの文化人類学』（一九九六、新潮選書）『からだの文化人類学』（二〇〇五、大修館書店）『生きる力をさがす旅』（二〇〇一、出窓社）など。

いのちは、誰にとっても大切なものです。そのことはよくわかっているのに、自殺したり、健康を大きく損《そこ》なう恐れがある麻薬を使用したりするのはなぜでしょう。また、自分のいのちと同じように大切な、他の人のいのちを奪ったり、殺さないまでも、ひどく傷つけたりするのはなぜでしょう。

それは多分、いのちがあまりにもいろいろなかたちとなって現れているので、捉《とら》えにくいのかもしれません。いのちとは一体何か、いのちとどのように向かい合えばいいのかを考え、わかろうとする努力を続けなければ、結局、自分のいのちも、他の人のいのちも、そまつにすることになるのかもしれません。

この章では、いのちが新たに生じたり、逆に、失われそうになったり、失われてしまったとき、人はどのように感じ、考え、行動するかについて述べます。それは、そうしたときこそ、いのちとはどのようなものであるかがはっきりと捉えられるのではないかという考えに基づいているからです。いのちの誕生と死をとおして、いのちとは何かを考えるきっかけにしてもらえればと願います。

妊娠といのちのみとり

いのちが最も不思議な現れ方をするのは、子どもの誕生です。いのちというものが最も具体的に示されるといってもいいでしょう。それまでは、誰もその姿を見ることはなかったのに、あるとき、体重は三キロ前後、身長五十センチ前後という小さなからだですが、人びとの前に、いのちをそなえた一人の人として現れます。

女性が妊娠すると、わずか十か月足らずの間に女性のからだの中で、日に日に大きくなって、出産時期になると、からだの各部分が十分に育って、女性のからだの外に出てくるのです。お腹の中にいる間、赤ん坊は「胎児《たいじ》」と呼ばれます。

胎児のいのちは、生まれたての赤ん坊よりももっと失われやすく、女性のからだの外で生きていけるほど育つ前に「死んで」(「流産」といいます)しまうことがあります。それは決して珍しいことではなく、割合として、十回の妊娠のうち一回は胎児が成長を止めてしまうと考えられています。

そのため、まだ女性のからだの中にいて、姿の見えない赤ん坊、しかし、生まれ出てから数年たてば、話したり、笑ったり、歩いたりする子どもになるはずのいのちを、なんとか無事に育てたいと、母親になる女性も、家族も、近所の人も、みんなが望みます。現在では、医療機器の発達で、お腹の外から赤ん坊の様子を見ることができますが、それはあくまで器械の力を借りて画像として見ているのです。生まれて来て初めて、赤ん坊そのものを見ることになります。ですから、生まれ出てくるまでは、母親となる人も周囲の人びともまだ見えない、でも確実に育ちつつある新しいいのちに不安と期待を持ち続けることになります。

出産時と新生児のいのちの危機

現在でも、妊娠中の女性とそのお腹で育っているいのちについて、周りの人びとが気を使うように、いや、それ以上に、生まれるときの胎児、生まれ出てからは「新生児」のいのちには、大変気を使います。それは、時には、生まれるはずの赤ん坊だけではなく、母親となるはずの女性のいのちまで失われることがあるほど、お産(赤ん坊にとっては、誕生/出生)の際にはいのちが危険にさらされるからです。

医療が発達していなかった時代、また、医療の専門家が少なかった時代には、近所の人や女性の母親等、身近な人たちが、出産を手伝い、産後の女性と生まれたばかりの赤ん坊の世話をつききりで行いました。直接の世話をすることもあれば、女性達が集まって無事な出産を祈願するため、赤ん坊のいのちが最も不安定とされる期間中あちこちの観音様《かんのんさま》に参ることもありました。観音様が幼いいのちを守ってくれると信じていたからです。

福島県西部の会津地方では、現在でも、「観音講」と呼ばれるこのような集まりがあり、祈りや参拝が行われています。

山口県岩国市の山村では、一九六〇年代の中頃まで、妊娠がわかるとすぐに隣の主婦にそれを知らせました。まだ自宅で出産している時代でしたし、また、助産師がすぐに往診するにはあまりに不便な土地でしたから、出産が近づくと、必ず隣の主婦が、お産の介助と新生児の世話をすることになっていたのです。

その主婦は、どんなに若くても、生まれた赤ん坊にとっての「ひきあげばあさん」と呼ばれました。それは、まだ、人間でない世界(女性の胎内)からこの世に引き上げたという意味を込めた呼び名でした。出産のときに世話をされた赤ん坊は、この主婦を「ばあちゃん」と呼び、大人になってからも、「ひきあげばあさん」が生きている間、ずっと親しく交際しました。そして、葬式では、その主婦の実の子ども達と同じような役割が振り当てられました。実の子どもと同じように、いのちを与える役割をはたしたと考えられていたからです。

赤ん坊が生まれることは、母親となる人にとっても家族の誰にとってもうれしいことですが、同時に、赤ん坊が、病気をせず、無事に大きくなるようにと、緊張する日々が始まることになります。お乳を飲まなかったり、飲んだばかりのお乳をはいたり、原因がわからないまま泣き続けたり、下痢《げり》をしたりします。多くの赤ん坊にそのようなことは度々《たびたび》起きるのですが、もしかすると、直接いのちに関わるような、重い病気の始まりかもしれないと、親たちはたえず心配することになります。

生まれた後、かつては三日目、七日目、三十日目前後に赤ん坊の無事な成長を祈って、矢継《やつ》ぎ早《ばや》にお祝いの儀式をしました。現在でも七日目を「なつけ(名付け)の祝い」、三十日目前後の祝いを「宮参り」といってお祝いをする家族は少なくありません。「なつけの祝い」(あるいは「お七夜《しちや》」ともいいます)には、赤飯や餅《もち》と一緒に赤ん坊の名前を書いた紙を近所や親戚に配ります。いただいた家は、一年間、その紙を床の間か神棚の近くに貼っておく習慣が全国各地で今でも見られます。

誕生後、女の子は、初めて迎える三月三日、男の子は、五月五日を「初節句《はつぜっく》」といい、お祝いをします。子どもの祖父母や親類からは、ひな人形や鯉《こい》のぼり、武者《むしゃ》人形等が、贈られます。こうした祝いが行われるのは、単に、おめでたいことだからというだけではなく、幼いいのちは失われやすく、少しでも多くの人の関心と祈りがあってこそ、子どもは無事に育つという、昔からの信仰がかたちを変えて残っているのだと考えることができます。

生まれたてのときは三キロ前後だった赤ん坊が、一年後には十キロ前後にまで大きくなります。からだが大きくなるだけではなく、立って、歩き、話したりもします。その成長を見ていると、それこそが「いのち」だと思わずにはいられません。

子どもの病気とみとり

一九五〇年代末頃までは、全国的に見られる言い習わしとして、「子どもは病気をするごとに大きくなる」というのがありました。この場合の病気は、百日咳《ひゃくにちぜき》やおたふく風邪、水疱瘡《みずぼうそう》等、幼い子どもがかかる感染症です。感染力が強いので、一人の子どもが感染すると、感染したことのない子どもは必ずと言っていいほどかかりました。現在では、赤ん坊が生まれて後、数か月から一年の間に、百日咳に加え、ジフテリア、ポリオ、結核《けっかく》の予防注射(BCG)の接種を受けることになっています。

「病気をするごとに大きくなる」というのは、「子どもが無事成長するまでにはこうした病気を乗り越えなければならない」という意味でしょう。「幼い頃こうした病気にかからないまま成長し、大人になってからかかると、死ぬことさえある」とまで信じられて、病気を必ずしも「良くない」「望ましくない」とは考えていなかったのです。子どもの誕生と成長、成長の段階で必ずと言っていいほどかかる病気、そして、それからの回復はセットになっていのちの存在というものを示していると考えていたのです。

子どもの病気のみとりは、幼ければ幼いほど、その子を産んだ女性(母親)にまかされます。かつては、病気が重ければ重いほど、やはり、母親がつききりで看病しました。他の家族や親族は、お寺やお宮に参り、回復を祈りました。近所の人びとが直接みとりをすることは無かったのですが、看病疲れの母親に食べ物を持って行ったり、グループで観音様に回復を祈ったりしました。現在では、そうしたかたちでの助け合いは少なくなりましたが、子どものための予防接種の費用や、幼い子どもの順調な成長を見守るための健康診断の費用、さらには、自治体によって異なりますが、三歳まで、あるいは小学校入学までの医療費はすべて税金でまかなわれる制度が広く定着しています。こうした制度は、子どものいのちはみんなで守る、育てるという思想に支えられているのであり、昔からの考え方はしっかりと継続されているといえます。

現在では、医療の発達によって、以前は助からなかったいのちが助かるようになりました。それだけではなく、胎児の段階で、心臓等に障害があることがわかれば、母親の胎内にとどまったままの状態で手術が行われ、元気な赤ん坊として生まれることも珍しくなくなりました。一方で、病気が重ければ重いほど、赤ん坊や幼い子どもが、母親の手を離れて、長い間病院施設で、看護師さんやお医者さんに世話されながら病気治療を受けながら暮らすことになります。母親の不安やつらさ、子どものさびしさはどんなに大きなものか、想像するだけで、胸がいっぱいになります。そして、看護師さんやお医者さんもまた、ものを言えない赤ん坊や十分苦しさを表現できない幼い子どもに、つらい治療を受けさせなければならないことに、胸を痛めています。

そうした医療の発達によって、多くの子どものいのちは助かりますが、それでも助けられないいのちも多いのです。半世紀前に比べると、子どものいのちが失われることが少なくなっただけに、我が子のいのちがどうしても助からないことを知った場合の親のつらさ苦しさはどれほど大きいことでしょう。

子どもの死といのちの再生

「いのち」がどのようなものかがはっきりわかるのは、人が死んだときです。何よりも、それはからだの状態の変化となって現れます。動かないし呼吸をしない、からだが冷たくなり、肌の色が変わっていきます．現在では、死亡が確実になるとすぐに適切な処置をするのでそうしたことはありませんが、一日もたつと、からだから腐敗臭《ふはいしゅう》がしてきます。死んだ人のからだの状態は、他の場合とは全く異なります。そして、二度と元の状態には戻りません。それが、いのちが失われたということです。死が、人にとって最もつらく衝撃的なのは、この、「二度と元には戻らない」ということかもしれません。

子どもの死が、親や家族、周囲の人びとにとってどんな人の死よりも悲しみを誘い、衝撃を与えるのは、幼い子どもには、これから先長い時間が与えられていると信じられていたのに、その確信が突然崩《くず》されるからでしょう。そこで、そうした悲しみや衝撃を和《やわ》らげる次のような考え方が、日本全国で広く見られました。

幼い子どもが死んだ場合、その魂は家のすぐ近くにいて、できるだけ早く、次のいのちを得て、生まれてくるという信仰がありました。私が調査した四国の山村では、ある家族では生まれてくる子が幼いうちに次々と亡くなり、亡くなった子どもの名前を、次に生まれた子どもに付け、その子が亡くなると、次に生まれた子に再び同じ名前を付けていました。今風に考えると、「縁起が悪い」とされるようなやり方ですが、そうしたことの背景には、子どもが生まれても「生まれるにはまだ早すぎた」と赤ん坊自身か赤ん坊にいのちを与えた神様が考えた場合には、一旦《いったん》亡くなり、時期を見て、再びこの世に生まれ出るのだという信仰があったそうです。言ってみれば、いのちのプールのようなものがあり、そこから次々と新たないのちを持った人が生まれ出てくる。そして、亡くなると、そのいのちのプールに戻って行く、そのような考えだったのでしょう。この世で過ごした時間が短いほど、いのちのプールのようなところから再びこの世に戻るまでの時間もまた短いのだという考えでした。

かつては、赤ん坊が生まれると、頭のかたち、耳、指、足等、個人の特徴が現れやすいとされるからだの部分を産湯《うぶゆ》のときに家族みんなで観察して、「誰それの生まれかわりかもしれない」と言い合いました。成長するにつれ、その特徴も変わるのですが、そのときはまた、「やっぱり、誰それ(最初とは別の血縁者)の生まれかわりかなあ」と訂正すればよかったのです。わたしが長年調査した新潟県の山村では、誰かが亡くなると、その集落の主婦全員が、「湯灌《ゆかん》」と呼ばれる、亡くなった人のからだを洗う儀式に参加して、全身を丁寧《ていねい》に観察しました。それは、その人の生涯の過ごし方がからだに示されていると考えたからでもあり、また、いつか将来生まれてくる子どもが備えているかもしれないからだの特徴を確かめるためでもあったのです。こうした生まれかわりの信仰は、ひとりひとりが個別のからだを備えて生まれ出て、それぞれの人生を歩み死んでゆくのですが、その個別の人と人との間に受け継がれていくものがあるという考えの現れでもあります。現在の遺伝の考えに似ていますが、もう少し広い考え方のようです。

これほどまでに、生まれてくるいのちを大切にしたのですが、江戸時代までは生まれてすぐの赤ん坊を殺す「間引《まび》き」と呼ばれる行為がありました。「間引き」は、農作物の種をまいた後、発芽した苗のうち育ちの悪いものを抜いて、育ち具合のいいものだけを残す農作業から来た言葉でした。離乳食《りにゅうしょく》にできるような食材がほとんど無い時代に、二歳あるいは三歳まで母乳を必要とする子どもは多かったのです。そうした幼児がいるのに次の赤ん坊が生まれた場合、生まれてきた子が産声《うぶごえ》を上げないうちに窒息《ちっそく》させて殺す行為である間引きは、日本中で広く行われていたと数多くの資料から、考えられています。

その場合、親たちは子どもを授けてくれた神様に「今はどうしても育てられません．今

はこの子をお返しします。育てられる時期が来ましたら、また、子どもをお授けくださ
い」と謝りながら頼んだと伝えられています。仏教の影響の強かった時代には、生まれた子どもを殺すことを大きな罪だと考える気持ちがあったと思いますが、それよりは、子どもが育ちにくかった時代、せっかく二、三歳まで育った子どもが母乳不足のせいで病気になったり死んだりするのを防ぎたいという思いが強かったのでしょう。

二〇一一年三月の東日本大震災と大津波で多くの幼いいのちが失われました。そのときの状況を想像するとき、生きていることがどれほどありがたいことか、また、自分のいのちも、周りの友達のいのちもどれほど尊いか考えてみることが大切です。

あとがき

この本を読み終えて、みなさんは、それぞれのおかれた環境のなかで、身体的にも社会的にもさまざまな状況を力強く生きている子どもたちのことを知り、生きることの大切さを感じ取られたのではないかと思います。また、そのような子どもたちに寄りそう家族のようすや、医療・福祉の仕事についても知っていただけたと思います。

わたしは、新生児集中治療室を訪れても、被災地のお母さんたちと話しても、島の小学校に行っても、子どもたちの生きる力に圧倒され、生きることの尊さを子どもたちの姿から学んできました。そして、島の暮らしを理解しようとするなかで、いのちについて深く考えるようになりました。

人のいのちは、まわりの人や自然とのコミュニケーションをとおして、はぐくまれているように思います。「いのちの対話」といってもよいでしょう。母と子のコミュニケーションは胎児《たいじ》のときから始まり、まわりの家族と一緒に、子どもが元気に生まれてくるよう祈ります。もし赤ちゃんが小さく生まれて保育器に入ったり、何らかの障がいをもっていた場合は、家族全員で、そのいのちをいっそう大切に育てます。医療や福祉の現場では、いろいろな職種の人たちが連携し、病気や障がいをかかえながら生きている子どもたちとその家族を支えます。病気を予防するための方法や制度も整えます。また、子どものいのちを支えるのは、家族や専門家に限られません。仮親《かりおや》のように、地域の人たちも子どものいのちを守ってきました。そして、子どもたちは、身近な自然とふれあうことからたくさんのことを学び、成長します。

いのちを守り育てることは、多くの生物に共有されている生命のしくみです。人間の場合はとくにそれを「文化」のしくみとして発達させてきました。そのため、「はじめに」で述べたような、おとなが心配する子どものようすのいくつかは、文化のしくみを少し変えることによって解決できるとわたしは思っています。この本ではとりあげなかった学校に行かない子どもたち、お友だちとのコミュニケーションがあまり得意でない子どもたちをまわりの人たちが「問題児」とみなさず、それぞれの特性にあった生活を見つけられるように、子どもとの対話をかさねることも大切です。

子どもがくさりにつながれる、子どもが白骨化した遺体となって見つかる、親に死を命じられ自殺する、子どもが子どもを殺し、その身体をばらばらにしてしまうような事件は、人間の「文化」にひずみが生じた結果であり、人間の歴史のなかでも特別な状態といえます。なぜなら、子どもが子どもを、家族が子どもを、子どもが家族をひどく苦しめるような行為や、死にいたらしめるような行為は、生命のしくみとはいえないからです。

同じような事件は、日本に限ったことではなく、他の国でも見られる現象です。人びとの暮らしを支える社会も文化も世界規模で変化し、いたるところで社会の閉塞感《へいそくかん》や文化のひずみを生んでいるのです。わたしたちはいま、日本や世界の子どもたちが毎日をどのように暮らしているのかに関心をもつことが大切です。そして、自分たちのもっている限りの知恵と方法をあわせて、互いのいのちを尊び、はぐくみあう文化をつくりあげていかなければなりません。

わたしは医療人類学を専門に学び、研究しています。医療人類学は、臨床、疫学《えきがく》、生態、社会や文化の資料をもとに、学際的に人の健康、病気、医療について考える学問分野です。

そのため、この分野には、人類学を学ぶ人たちや、医学、看護学、作業療法学、理学療法学、福祉学などさまざまな専門の人たちもかかわり、その発展に大きく貢献し、また、その知見《ちけん》を医療や福祉の現場で役立てています。日本の大学や専門学校で医療人類学を学ぶ機会はまだ限られていますが、みなさんにぜひ知っておいてほしい学問です。

医療と福祉の領域はこれからますます発展していくでしょう。中高生のみなさんが、それぞれに関心のある専門分野で、自分の専門性を深めつつ、同時に広く多方面の知識を得て、日本、そして世界で大きく活躍することを願っています。

この本は、患者さん、ご家族、地域の方々など、多くの方々のご協力を得てできあがりました。新しいいのちの誕生を待ちわびるように、執筆を支え、見守ってくださったみなさまに心から感謝いたします。岩波書店ジュニア新書編集部の山本慎一さんには、本の企画から、編集、出版まで、大変お世話になりました。ここに記して謝意を表します。

二〇一五年 一月

道信良子

道信良子

札幌医科大学医療人育成センター准教授。2001年お茶の水女子大学大学院人間文化研究科単位修得退学、同年博士号取得。2006年米国エモリー大学公衆衛生大学院修了。博士(社会科学)、修士(公衆衛生学)。日本学術振興会特別研究員、札幌医科大学保健医療学部講師などを経て、2008年10月より現職。保健・医療・福祉領域の質的研究法、子どもの健康と医療、医学教育、小児がんの意思決定などについて研究を行う。専門は医療人類学。おもな著書に『ヘルス・エスノグラフィ』(2020、医学書院)、「健康と医療」『文化人類学』(2021、医学書院)などがある。

いのちはどう生まれ、育つのか
——医療、福祉、文化と子ども　　岩波ジュニア新書 799

2015年3月20日　第1刷発行
2021年12月24日　第2刷発行

編著者　道信良子《みちのぶりょうこ》

発行者　坂本政謙

発行所　株式会社 岩波書店
〒101-8002 東京都千代田区一ツ橋 2-5-5
案内 03-5210-4000　営業部 03-5210-4111
ジュニア新書編集部 03-5210-4065
https://www.iwanami.co.jp/

組版　シーズ・プランニング
印刷・理想社　カバー・精興社　製本・中永製本

ISBN 978-4-00-500799-8　　Printed in Japan

岩波ジュニア新書の発足に際して

きみたち若い世代は人生の出発点に立っています。きみたちの未来は大きな可能性に満ち、陽春の日のようにひかり輝いています。勉学に体力づくりに、明るくはつらつとした日々を送っていることでしょう。

しかしながら、現代の社会は、また、さまざまな矛盾をはらんでいます。営々として築かれた人類の歴史のなかで、幾千億の先達《せんだつ》たちの英知と努力によって、未知が究明され、人類の進歩がもたらされ、大きく文化として蓄積されてきました。にもかかわらず現代は、核戦争による人類絶滅の危機、貧富の差をはじめとするさまざまな人間的不平等、社会と科学の発展が一方においてもたらした環境の破壊、エネルギーや食糧問題の不安等々、来るべき二十一世紀を前にして、解決を迫られているたくさんの大きな課題がひしめいています。現実の世界はきわめて厳しく、人類の平和と発展のためには、きみたちの新しい英知と真摯《しんし》な努力が切実に必要とされています。

きみたちの前途には、こうした人類の明日の運命が託されています。ですから、たとえば現在の学校で生じているささいな「学力」の差、あるいは家庭環境などによる条件の違いにとらわれて、自分の将来を見限ったりはしないでほしいと思います。個々人の能力とか才能は、いつどこで開花するか計り知れないものがありますし、努力と鍛練の積み重ねの上にこそ切り開かれるものですから、簡単に可能性を放棄したり、容易に「現実」と妥協したりすることのないようにと願っています。

わたしたちは、これから人生を歩むきみたちが、生きることのほんとうの意味を問い、大きく明日をひらくことを心から期待して、ここに新たに岩波ジュニア新書を創刊します。現実に立ち向かうために必要とする知性、豊かな感性と想像力を、きみたちが自らのなかに育てるのに役立ててもらえるよう、すぐれた執筆者による適切な話題を、豊富な写真や挿絵とともに書き下ろしで提供します。若い世代の良き話し相手として、このシリーズを注目してください。わたしたちもまた、きみたちの明日に刮目《かつもく》しています。(一九七九年六月)

912 新・大学でなにを学ぶか　上田紀行 編著

大学では何をどのように学ぶのか？　池上彰氏をはじめリベラルアーツ教育に携わる気鋭の大学教員たちからのメッセージ。

913 統計学をめぐる散歩道 ―ツキは続く？　続かない？　石黒真木夫

天気予報や選挙の当選確率、くじの当たり外れやじゃんけんの勝敗などから、統計のしくみをのぞいてみよう。

914 読解力を身につける　村上慎一

評論文、実用的な文章、資料やグラフ、文学的な文章の読み方を解説。名著『なぜ国語を学ぶのか』の著者による国語入門。

915 きみのまちに未来はあるか？ ―「根っこ」から地域をつくる　除本理史　佐無田光

地域の宝物＝「根っこ」と自覚した住民によるまちづくりが活発化している。各地の事例から、未来へ続く地域の在り方を提案。

916 博士の愛したジミな昆虫　金子修治　鈴木紀之 編著　安田弘法

SFみたいなびっくり生態、生物たちの複雑怪奇なからみ合い。その謎を解いていくワクワクを、昆虫博士たちが熱く語る！

917 有権者って誰？　藪野祐三

あなたはどのタイプの有権者ですか？　社会に参加するツールとしての選挙のしくみや意義をわかりやすく解説します。

918 議会制民主主義の活かし方
―未来を選ぶために
糠塚康江

私達は忘れている。未来は選べるということを。必要なのは議会制民主主義を理解し、使いこなす力を持つこと、と著者は説く。

919 繊細すぎてしんどいあなたへ
HSP相談室
串崎真志

繊細すぎる性格を長所としていかに活かすかをアドバイス。「繊細でよかった！」読後にそう思えてくる一冊。

920 10代から考える生き方選び
竹信三恵子

10代にとって最適な人生の選択とは？ 各選択肢が孕むメリットやリスクを俯瞰しながら、生き延びる方法をアドバイスする。

921 一人で思う、二人で語る、みんなで考える
―実践！ ロジコミ・メソッド
追手門学院大学成熟社会研究所 編

課題解決に役立つアクティブラーニングの道具箱。多様な意見の中から結論を導くロジカルコミュニケーションの方法を解説。

922 できちゃいました！ フツーの学校
富士晴英とゆかいな仲間たち

生徒の自己肯定感を高め、主体的に学ぶ場を作ろう。校長からのメッセージは「失敗OK！」「さあ、やってみよう」

923 こころと身体の心理学
山口真美

金縛り、夢、絶対音感――。様々な事例をもとに第一線の科学者が自身の病とも向き合って解説した、今を生きるための身体論。

924 過労死しない働き方 ―働くリアルを考える
川人 博
過労死や過労自殺に追い込まれる若い人を、どうしたら救えるのか。よりよい働き方・職場のあり方を実例をもとに提案する。

925 障害者とともに働く
藤井克徳
星川安之
「障害のある人の労働」をテーマに様々な企業の事例を紹介。誰もが安心して働ける社会のあり方を考えます。

926 人は見た目!と言うけれど ―私の顔で、自分らしく
外川浩子
見た目が気になる、すべての人へ!「見た目問題」当事者たちの体験などさまざまな視点から、見た目と生き方を問いなおす。

927 地域学をはじめよう
山下祐介
地域固有の歴史や文化等を知ることで、自分・社会・未来が見えてくる。時間と空間を往来しながら、地域学の魅力を伝える。

928 自分を励ます英語名言101
小池直己
佐藤誠司
自分に勇気を与え、励ましてくれるさまざまな先人たちの名句名言に触れながら、自然に英文法の知識が身につく英語学習入門。

929 女の子はどう生きるか ―教えて、上野先生!
上野千鶴子
女の子たちが日常的に抱く疑問やモヤモヤに、上野先生が全力で答えます。自分らしい選択をする力を身につけるための1冊。

930 平安男子の元気な！生活　川村裕子

意外とハードでアクティブだった!? 恋に出世にライバル対決、元祖ビジネスパーソンたちのがんばりを、どうぞご覧あれ☆

931 SDGs時代の国際協力
―アジアで共に学校をつくる　西村幹子　小野道子　井上儀子

バングラデシュの子どもたちの「学校に行きたい！」を支えて――NGOの取組みから未来をつくるパートナーシップを考える。

932 コミュニケーション力を高めるプレゼン・発表術　上坂博亨　大谷孝行　里見安那

パワポスライドの効果的な作り方やスピーチの基本を解説。入試や就活でも役立つ「自己表現」のスキルを身につけよう。

933 確かめてナットク！物理の法則　ジョー・ヘルマンス　村岡克紀訳

ロウソクとLED、どっちが高効率？　物理学は日常的な疑問にも答えます。公式だけじゃない、物理学の醍醐味を味わおう。

934 深掘り！中学数学
―教科書に書かれていない数学の話　坂間千秋

三角形の内角の和はなぜ180°になる？　なぜ割り算はゼロで割ってはいけない？　なぜマイナス×マイナスはプラスになる？…

935 はじめての哲学　藤田正勝

なぜ生きるのか？　自分とは何か？　日常の一歩先にある根源的な問いを、やさしい言葉で解きほぐします。ようこそ、哲学へ。

936 ゲッチョ先生と行く 沖縄自然探検　盛口 満

沖縄島、与那国島、石垣島、西表島、宮古島を中心に、様々な生き物や島の文化を、著名な博物学者がご案内！〔図版多数〕

937 食べものから学ぶ世界史 ―人も自然も壊さない経済とは？　平賀 緑

食べものから「資本主義」を解き明かす！ 産業革命、戦争…。食べものを「商品」に変えた経済の歴史を紹介。

938 国語をめぐる冒険　渡部泰明・平野多恵・出口智之・田中洋美・仲島ひとみ

世界へ一歩踏み出せば、新しい出会いと成長への機会が待っています。国語を使ってどう生きるか、冒険をモチーフに語ります。

939 森の日本史　黒瀧秀久

神社仏閣や城郭、都市建設のための森林利用、植林技術の普及、現代の環境共生など、日本人と森の関係を丹念にたどります。

940 俳句のきた道 芭蕉・蕪村・一茶　藤田真一

古典を知れば、俳句がますますおもしろくなる！ 個性ゆたかな三俳人の、名句と俳句の心をたっぷり味わえる一冊。

941 ＡＩの時代を生きる ―未来をデザインする創造力と共感力　美馬のゆり

人とＡＩの未来はどうあるべきか。「創造力と共感力」をキーワードに、よりよい未来のつくり方を語ります。